殺戮の宗教史

Shimada Hiromi

島田裕巳

東京堂出版

はじめに

冷戦終結後の新たな危機

世界にはなかなか平和が訪れない。しかもその背景には宗教の問題がからんでいる。殺戮《さつりく》がくり返され、

一九八九年一一月に、東西冷戦の象徴であったベルリンの壁が崩れ、それをきっかけにソビエト連邦の解体や、東ヨーロッパの社会主義国の民主化が起こったときには、これで、冷戦に終止符が打たれ、東西の対立がなくなることで、世界には平和が訪れるという楽観的な期待が広がった。

そこまでに至る二〇世紀の歴史は、二度の世界大戦に彩られていた。第二次世界大戦後は、アメリカを中心とした自由主義陣営とソ連を中心とした社会主義・共産主義陣営の対立が続き、それは、大規模な軍事衝突を伴わなかったことで、冷戦と呼ばれた。冷戦の時代には、とくに自由主義の陣営に属する先進国では、驚異的な経済発展が起こり、それによってそうした諸国には、それまでにない豊かさがもたらされた。

しかし、冷戦が続く時代においては、東西どちらの陣営においても、核開発が積極的に進められ、多くの原爆や水爆が作られ、前線にも配備された。核開発は、核実験を伴い、日本でも、核実験によって排出される放射能を含んだ「黒い雨」が降り注いだ。一九六二年一〇月に起きた「キューバ危機」においては、東西の緊張状態は高まり、核戦争一歩手前まで事態は進んだ。

その時代を経験していない人間には実感が伴わないと思うが、冷戦が続き、核戦争の危機が去らない状況においては、直接にはそれにかかわらないはずの日本でも、つねに重苦しい空気に包まれていた。しかも、朝鮮戦争やベトナム戦争のように、二つの陣営が限定された地域で実際に戦闘状態に陥るようなこともあり、そうしたときには、核兵器の使用の可能性が取りざたされた。

その時代の雰囲気を感じてみたいというのであれば、黒澤明監督が一九五五年に製作した『生きものの記録』が参考になる。これは、多くの黒澤映画で主演をつとめた三船敏郎が中島喜一という老人に扮したものだが、中島老人は、核兵器を恐れ、全財産をはたいてブラジルに移住しようとする。家族はそれに反対で、老人を、財産を勝手に処分できない準禁治産者にしてしまう。計画が頓挫したことで、老人は自らが経営していた工場に放火し、精神病院に収容されることになるが、三船は、その時点でまだ三五歳で若かったにもかかわらず、狂気に陥る老人を熱演した。

中島老人の姿はかなり極端な形で描かれていたものの、監督自身に、核兵器、あるいは核戦争に対する強い恐れがあったことも事実である。晩年の『夢』や、『八月の狂詩曲』では、やはり核の問題がテーマとして扱われていた。

ベルリンの壁が崩れ、東西のドイツが統一され、冷戦に幕が下ろされることで、一時、世界に恒久的な平和が訪れたのではないかという期待を抱かせた。一九九二年に刊行されたアメリカの政治学者、フランシス・フクヤマの『歴史の終わり――歴史の「終点」に立つ最後の人間』(原題は『歴史の終わりと最後の人間』)においては、ソ連の解体によって、民主主義と社会主義のあいだのイデオロギー的な対立は無意味なものになり、民主主義に対抗できるイデオロギーは消滅したと主張された。

たしかに、冷戦構造が崩壊し、ソ連が解体されたことによって、一九世紀後半において、カール・マルクスやフリードリッヒ・エンゲルスらによって確立され、二〇世紀初頭のソ連の誕生によって強い影響力を持つようになった社会主義、共産主義のイデオロギーは信憑性を失い、そこに社会変革の希望を託することが難しくなっていった。

しかしそれは、単純な民主主義の勝利には行き着かなかった。それまでの歴史は終わったのかもしれないが、そこからまた新たな歴史がはじまったのである。

進行するグローバル化、生まれる経済格差

東西の冷戦構造が崩れたことで、世界を二分していた壁が消滅した。それによって、ベルリンの壁の崩壊が具体的に示したように、人の自由な流れ、移動が可能になったが、さらにそれは、資本の自由な流れを生み、それによって本格的なグローバル化が進行した。国境を越えて活動を展開する多国籍企業が力を持ち、世界経済は一つに結ばれていった。

それは、これまで経済が十分に発展していなかった、いわゆる開発途上国にとっては、その経済を飛躍的に発展させる絶好の機会となった。事実、ＢＲＩＣｓ諸国（ブラジル・ロシア・インド・中国）に代表されるように、目覚ましい経済発展をとげる国々が出てきた。それまでは、経済の発展によって所得を伸ばし、近代化による豊かな生活を享受できるのは、一部の先進国に生活する人間に限られていたが、多くの国民が、賃金の上昇と生活の向上を強く望む、あるいは強く望める状況が生まれたのである。

しかし、経済が発展するということは、新たな経済格差が生まれるということでもある。経済発展の恩恵を被ることができるのは、一部の人間に限られる。一方で、経済の発展は、それまでの社会のあり方を大きく変えていくことになり、それまでの生活基盤を失ってしまう人間たちも出てくる。そうした人間たちは、仕事を求めて都市部へ出てきたりするのだが、当然、

安定し、賃金の高い職業につくことはできない。そうなると、彼らは都市のスラムに住むことを余儀なくされたり、自分たちの境遇に対する不満を募らせていく。

社会の不満の受け皿としての宗教

それは、日本の戦後社会において起こったことでもある。一九五〇年代半ばからの高度経済成長の時代には、地方から都市への大規模な人口移動が起こり、都市には学歴もなく、安定した職を確保できない都市下層民が大量に発生した。そうした人々を取り込んだのが、創価学会をはじめとする日蓮系の新宗教教団だったわけだが、現在経済発展が続いている諸国では、キリスト教プロテスタントの福音派が同じ役割を担っている。

福音派は、日本においても、日本福音同盟や日本ホーリリネス教団といった形で、プロテスタントの宗派として存在するが、個別の宗派には限定されない幅広い概念でもあり、そのルーツは、イギリスやアメリカで一八世紀以降に起こった信仰復興運動（リバイバル）に遡る。

これは、すでにキリスト教の信仰をもっている人間を対象とした布教の方法であり、眠っている信仰を覚醒させることを目的としている。具体的には、屋外で大規模な伝道集会を開き、牧師が、社会の危機、あるいは人間性の堕落などを激しく糾弾し、確固たるキリスト教の信仰を確立するよう強く促すものである。それによって次々と信仰を覚醒された人間があらわれ、その場は異様な雰囲気に包まれていく。それがまた参加者を煽ることになるわけである。その点で、日本の戦後社会における新宗教と共通する。

現在、こうした福音派は、とくにブラジルをはじめとする南米諸国に広がっている。ブラジルなどは、これまでカトリックの牙城とされてきたが、そのなかから福音派のプロテスタントに改宗する人間が数多く現れており、カトリックの基盤を突き崩す勢いを見せている。

あるいは、韓国でも戦後、キリスト教が伸び、現在では、三〇パーセントから四〇パーセントの韓国民がキリスト教徒になったとされるが、そのなかにも福音派が多い。韓国の場合には、福音派の信仰のなかに、土着のシャーマニズムが取り込まれる場合もあり、まさに日本の新宗教に近いものになっている。

中国でも同じようにキリスト教が拡大している。中国を政治的に支配する中国共産党は、そのイデオロギーによって宗教を否定する傾向が強く、事実、気功集団である「法輪功」が目覚ましい勢いで台頭したときには、徹底的な弾圧を行い、それは今でも続いている。キリスト教については、弾圧を行うこともあるが、法輪功のように全面的に禁止することができず、その信仰の広がりを容認せざるを得ない状況におかれている。そのため、中国では、国民の八パーセント程度がキリスト教徒になっているとも言われている。そうした中国のキリスト教のなかにも、福音派が多い。

アメリカでは、福音派と言えば、いわゆる「キリスト教原理主義」の立場をとる人間たちのことをさす。彼らは、聖書を絶対視し、そこから進化論を否定したり、人工妊娠中絶を批判したりする。それは、信仰の次元に留まらず、政治的な運動とも結びつき、右派の政治勢力を形成し、レーガンやブッシュ父子といった共和党の大統領を誕生させることに貢献してきた。

キリスト教右派の福音派を支持するのは、圧倒的多数が白人で、彼らは、アフリカ系アメリカ人やヒスパニックなどのマイノリティーが台頭し、社会的に優遇されていることに危機感を持ち、かつての古き善きアメリカを取り戻したいという願望を抱いている。それが政治化する原因だが、そうした運動の広がりは、当然にもマイノリティーとは対立する方向へむかっていく。

福音派は、すでに経済成長を遂げ、低成長、あるいは安定成長の時代に入っているヨーロッパでは台頭していない。それは、現在の日本で新宗教が力を失いつつあるのと並行した現象である。

ヨーロッパ各国で増加するイスラム教徒

ヨーロッパ各国では、移民政策がとられていて、それがイスラムという宗教が広がる原因になっている。

ヨーロッパにおける移民は、戦後の経済成長の時代に促進された。経済を発展させるためには、安価な労働力が必要になるが、それを日本とは異なり国内に求めることができず、各国では海外からの移民に頼ることになった。

たとえば、フランスでは、一九四五年から七五年にかけて経済が大きく発展した「栄光の三〇年」の時代に、ポルトガル、アルジェリア、モロッコ、イタリア、スペイン、チュニジア、トルコ、アフリカ諸国などから多くの移民が入ってきた。そのなかには、フランスに多いカトリックの信仰を持つ者とともに、イスラムの信仰を持つ者が多く、それがフランス国内において、イスラム教徒を増加させることに結びついた。

二〇一〇年の時点で、フランス国内のイスラム教徒は四七〇万人に達し、総人口の七・二パーセントにも達している。フランスの場合、フランス革命の影響で、宗教権力の力を削ぐことを目的として、「ライシテ（laïcité）」と呼ばれる厳格な政教分離政策がとられている。ところが、イスラム教は、聖と俗とを区別しない傾向が強く、そこで対立が生まれる可能性がどうしても出てくる。それは、公共的な場における厳格な政教分離を求める、いわゆる「スカーフ法案」で先鋭化した。

そして、二〇一五年には、世界に衝撃を与えた二度のテロ事件が勃発する。一月には、イスラム教徒を挑発するような風刺画を掲載したパリの「シャルリー・エブド」誌が、アルジェリア系フランス人の兄弟によって襲撃され、一二人が命を落とした。

一一月にはパリ市内と郊外のサン・ドニ市で同時多発テロが勃発し、一三〇人が死亡し、三〇〇人以上が負傷した。こちらは組織的なもので、実行犯は三つのチームに分かれていた。しかも、犯人グループは、シリアとイラクで勢力を拡大し、残虐な行為をくり返してきた「イスラム国（ＩＳ）」とつながりを持っているとみられている。この事件が起こったことで、難民や移民の受け入れを制限すべきだという声が高まり、イスラム教徒に対するいやがらせや迫害も起こっている。

ドイツでも、一九五〇年代から七〇年代にかけておよそ二〇〇万人のトルコ人が移民として入っており、やはり二〇一〇年の時点で国内のイスラム教徒の数は四一〇万人に達し、総人口の五・〇パーセントを占めている。彼らは必ずしもドイツ社会には統合されず、差別されることもあるため、イスラムという宗教を核に結集し、独自のコミュニティーを作り上げている。

ほかに、オランダ、イギリス、ベルギー、オーストリア、スイスでも、すでにイスラム教徒の割合は五パーセント前後に達しており、ヨーロッパの「イスラム化」を阻止しようとする動きも生まれている。

キリスト教の衰退が意味すること

そこには、ヨーロッパにおけるキリスト教の衰退という事態も深くかかわっている。ヨーロッパでは、近代化が進んでいくとともに、「世俗化」という現象が進行することになったが、それは、近代に入るまで絶対的な権力、あるいは権威として君臨していたキリスト教会の力が衰えていくことを意味した。

フランス革命は、世俗化を大幅に推し進めることにも貢献したが、基本的には長い時間をかけて、社会が宗教、具体的にはキリスト教の教会の影響力から脱していく過程が進行してきた。

ところが、近年においては、それに加速度がつくようになっている。私たち日本人は、キリスト教徒は信仰に熱心で、日曜日には教会に行き、ミサに与《あずか》っていると考えがちだが、たとえば、フランスでは日曜日に毎週教会に通っているのは一〇パーセント以下で、パリではわずか三〜四パーセントにすぎないと言われる。他の国々でも同様の傾向が見られる。ドイツや国教会の制度がある国々では、教会に属していれば所得税のほかに、教会税を支払わなければならないこともあり、急速な教会離れが進行している。

これは、ヨーロッパの人間が無宗教の方向にむかっていることを意味するが、その際の無宗教は日本の場合とは異なる。日本では多くの国民が自分は無宗教であると考えているものの、神社仏閣といった宗教施設に出かけていき、そこで参拝を行ったりするが、ヨーロッパでは、キリスト教の教会から離れてしまえば、そうした機会はまったくないのだ。

無宗教の方向にむかえば、宗教を理解したり、それを尊重したりしようとする気持ちは湧いてこない。風刺画の問題も、その背景には、フランスの、そしてヨーロッパ全体の無宗教化という現象が影を落としている可能性がある（なお、こうした世界における宗教の動向については、拙著『宗教消滅――資本主義は宗教と心中する』〈SB新書〉を参考にしていただきたい）。

なぜ宗教による「殺戮」が行われるのか

このように、今や世界の宗教は、全体として大きな激動期にさしかかっていると言える。宗教が激動するということは、宗教同士の間で、あるいは宗教と宗教を否定する人間の間で、激しい対立が起こる可能性が大きくなったということを意味する。実際、近年ではその傾向が強まり、ここまで述べてきた以外の地域においても、宗教をめぐる対立が深刻化していたりする。

私たち日本人も、一九九五年には、オウム真理教による「地下鉄サリン事件」を経験している。オウム真理教による殺戮はそれにとどまらず、坂本弁護士一家殺害事件や松本サリン事件など多くの事件に及び、それによって多数の死傷者が生まれている。

次の第1章でも述べるように、このオウム真理教の事件は、その後世界各地で勃発する宗教を背景としたテロ事件の先駆けとなるものなのだが、その後日本では同種の事件が起こっていないためか、その認識に乏しいのが現状である。

しかし、日本人が海外において宗教を背景としたテロ事件に巻き込まれ、命を落とす事例は少なくない。二〇一五年には、イスラム国（ＩＳ）によって二人の日本人が処刑され、その映像が世界に流されるという事態が起こっている。日本も決して宗教と関連したテロと無縁ではないのである。

宗教は本来、平和を志向するものであり、戦争や暴力、そして殺戮に結びつくものではないという考え方もある。

しかし、現在の状況を見ても、さらに過去に遡っても、宗教が平和を生むのではなく、むしろ陰惨な暴力の発動に結びつく事例や出来事には事欠かない。

いったいなぜ宗教による殺戮が起こるのか。

この本で考えてみたいのは、その点についてである。たんに現象を追うだけではなく、それぞれの宗教の根本をおさえることによって、その謎の考察を行っていこうと考えるものである。

殺戮の宗教史◎目次

はじめに

第1章　宗教的テロリズムの二一世紀

第2章　イスラム教は危険な宗教なのか

第3章 知られていないイスラム教の根本原理

第4章　原理主義の背後にある神の絶対性

第5章　神による殺戮と終末論の呪縛

第6章　異教や異端との戦い――十字軍について

第7章 善悪二元論という根源

第8章 聖戦という考え方

第9章 殺戮の罪は許されるのか

おわりに

第1章

宗教的テロリズムの二一世紀

テロの時代の幕開け

宗教にもとづく殺戮ということが、世界全体で強く意識されるようになったのは、何よりも二〇〇一年に起こった、アメリカでの「同時多発テロ」を通してだった。パリでも二〇一五年に同時多発テロが起こったため、現在では「アメリカ同時多発テロ」と言うべきかもしれない。

これは、起こったのが九月一一日だったため、日本では「九・一一」と略されることが多い。英語圏でも、"September 11(11th)"や"nine eleven"と呼ばれる。事件が起こった当初の段階では、あまりに衝撃的なことだったため、九・一一によって「世界は変わった」と言われることが多かった。

この事件では、ハイジャックされた二機のジェット旅客機が、ニューヨークのマンハッタンに建つ超高層の世界貿易センタービル二棟に突っ込んでいき、その後どちらのビルも倒壊したため、救助活動を行っていた消防士を含め、およそ一七〇〇人が亡くなっている。

ハイジャックされた旅客機はほかに二機あり、そのうちの一機は国防総省の本庁舎、いわゆるペンタゴンに突っ込み、庁舎の一部が破壊されて、旅客機の乗客乗務員のほか、国防総省の職員一八九人が犠牲になった。

もう一機の場合には、乗客が旅客機を奪還しようとして、犯人ともめたらしく、墜落している。この旅客機の場合には、ワシントンにあるアメリカ合衆国議会議事堂かホワイトハウスを標的にしていたとも言われている。

同時に四機がハイジャックされて、それが、テロ攻撃の武器として使われるなどということは、それまでなかったことで、事件自体の衝撃は大きかった。何よりも、世界貿易センタービルに旅客機が突っ込んでいくシーンがテレビ映像に収められて、即座に全世界に伝えられ、さらには、巨大なビルが倒壊していく様子もリアルタイムで伝えられたことが、全世界の人間に計り知れないショックを与えた。

それはまるで映画の一シーンを見るようでもあった。しかもアメリカは、この事件の首謀者は、「アルカイダ」というイスラム教過激派の指導者、ビンラディンであるとし、そのビンラディンを匿っているアフガニスタンのタリバンを打倒するために戦争を仕掛けた。当時、タリバンはアフガニスタンを実効支配していた。このアフガニスタン侵攻は、アメリカによって「対テロ戦争」と位置づけられ、タリバンだけではなく、アフガニスタン全体に甚大な被害を与えることにもなるが、タリバンの支配地域の多くは奪還されたものの、肝心のビンラディンについては、捕まえることも殺すこともできなかった。ビンラディンがアメリカ軍の手によって殺害されたのは、九・一一から一〇年が経とうとしていた二〇一一年五月二日のことで、その場所は潜伏先のパキスタンだった。

増え続ける犠牲者の数

九・一一という未曾有のテロ事件は、世界を震撼させ、さらにアメリカによる対テロ戦争が敢行されることで、時代は大きく変化し、ベルリンの壁の崩壊がきっかけとなって冷戦に終止符が打たれたはずの世界は、ふたたびテロと戦争の恐怖におののくことになった。

しかも、宗教を背景としたテロは、九・一一にとどまらなかった。世界各国で同種の事件が続発した。テロの数はあまりにも多いので、ここでは、九・一一から五年以内に起こったものに限って言及することにする。

たとえば、インドネシアでは、二〇〇二年一〇月に、バリ島クタのディスコでテロ事件が起こり、二〇二人が犠牲になった。そのなかには日本人も二人含まれており、負傷者も出た。犯人は、インドネシア国内の過激派テロ組織、ジェマ・イスラミアで、首謀者や組織の幹部が多数逮捕されたが、このジェマ・イスラミアは、アルカイダと関係があるとされた。

その後、インドネシアではテロが続発し、二〇〇三年八月には首都ジャカルタでアメリカ系のホテルが爆破され、一四人が亡くなった。二〇〇四年にはジャカルタ市内のオーストラリア大使館が爆破され一一人が死亡した。そして、二〇〇五年一〇月には、ディスコが爆破されたバリ島のクタとジンバランで同時に自爆テロが起こり、二三人が死亡するが、そのなかには日本人一人が含まれていた。二〇〇三年の事件を除いて、ジェマ・イスラミアの犯行と見なされている。

なお、インドネシアは、二〇一〇年の時点で国民の八八パーセントがイスラム教徒であり、人口が多いため、世界最大のイスラム国家となっている。

国民の九九パーセントがイスラム教徒であるトルコでも、二〇〇三年一一月一五日に、首都のイスタンブール市内二ヵ所のシナゴーグ（ユダヤ教の礼拝所）付近で自動車爆弾による爆発が起こり、二五人が死亡し、二一〇人以上が負傷した。そのわずか五日後の二〇日には、市内のイギリス領事館とイギリス系のＨＳＢＣ銀行（The Hong Kong and Shanghai Banking Corporation）支店付近で、やはり自動車爆弾による爆発が起こり、二七人以上が死亡し、四五〇人以上が負傷した。こうした事件は、クルド労働者党（ＰＫＫ）やクルド解放のタカ（ＴＡＫ）といったクルド人系の組織による犯行と考えられている。

九・一一以降、ヨーロッパ社会において衝撃を与えたテロ事件が、スペインにおける列車爆破と、イギリスにおける地下鉄などの爆破事件だった。

二〇〇四年三月、スペインの首都マドリード市内で列車をねらった連続爆破テロが起こった。死者は一九一人に達し、負傷者も二〇〇〇人に及んだ。事件が起こった当初の段階では、スペインからの独立をめざし、テロ事件をくり返してきたＥＴＡ（バスク祖国と自由）によるものとされた。ところが、その後、「アブー・ハフス・アル＝マスリー殉教旅団」と称するイスラム教過激派が犯行声明を出した。この事件では、二一人に有罪判決が下っている。

ちょうどこれは、二〇〇三年三月から開始されたアメリカを中心とした対イラク戦争にスペインが派兵を決めた直後のことで、総選挙の最中だったことから、選挙に決定的な影響を与えた。派兵を決めたアスナール政権は敗れ、代わって政権を担当したスペイン社会労働党のホセ・ルイス・ロドリゲス・サパテロ政権はイラクからの撤兵を決定し、それが実行に移された。その意味では、列車爆破事件は、現実的に相当な影響を与えたことになる。

イギリスでの事件は二〇〇五年七月七日に起きたもので、ロンドン市内で四件の地下鉄車両やバスの爆破が起こり、実行犯を含めた五六人が死亡、負傷者も七〇〇人以上にのぼった。実行犯がすべて死亡してしまったので、事件の詳細は必ずしも明らかになってはいないが、これはイギリス国内で起こったはじめての自爆テロであった。

ほかにも、こうした事件とは性格を異にし、民族紛争の性格が強いものの、ロシアでも、九・一一以降、チェチェン紛争にからんでテロ事件が頻発した。

二〇〇二年一〇月には、チェチェン武装勢力を名乗る集団がモスクワ南東部の劇場を占拠し、観客など八〇〇人を人質にして立てこもった。犯人グループが人質の射殺を行ったことから特殊部隊が強行突入し、犯人グループ三六人を射殺し、二人を拘束したものの、催涙ガスによって人質一〇〇人以上が亡くなり、最終的な人質の死者は一二八人にも及んだ。

同じ年の一二月には、チェチェン共和国の首都、グロズヌイで政府庁舎が爆破され七二人が死亡した。翌二〇〇三年にも、同共和国北西部の行政庁舎が爆破され、六〇人が死亡した。さらに、二〇〇四年には、二月にモスクワの地下鉄が爆破されて四一人が死亡した。同じ年の五月には、グロズヌイの対独戦勝記念式典で爆破事件が起こり、チェチェン共和国のアフマト・カドイロフ大統領を含め三〇人が殺害された。八月にはモスクワ発の旅客機二機が同時に爆破され、八〇人以上が死亡した。

さらに同年九月には、ロシア南部の北オセチア共和国で学校が三〇人以上の武装集団によって占拠され、一〇〇〇人以上が人質にされた。銃撃戦によって三三五人以上が死亡し、子どもも一八六人が犠牲になった。犯人は一人が拘束されたほかは死亡した。

おそらく、多くの人たちは、九・一一を除けば、ここに列挙したようなテロ事件について具体的なことは覚えていないに違いない。だが、二〇〇〇年代前半は、とくに世界中でテロが頻発した時期であり、実に多くの人間が、その犠牲になっているのである。

アメリカの国務省が発表した報告書『世界におけるテロリズムの現状（PATTERNS OF GLOBAL TERRORISM 2003）』によれば、テロによる犠牲者の数は、一九九八年から二〇〇三年にかけて、毎年一〇〇〇人から七〇〇〇人にも及んだ。対テロ戦争による犠牲者の数はテロによる犠牲者の数をはるかに上回り、イラクの場合、アメリカの科学者チームの推計では一〇万人の民間人が死亡したとされる。ブッシュ大統領は、それよりもはるかに低めの推計を発表したが、それでも三万人を超えるとされた。テロと対テロ戦争によって、毎年膨大な数の犠牲者が生み出されていったわけである。

危険視されるイスラム教

そして、テロを引き起こした犯人とイスラム教の信仰との関係に強い関心がむけられるようになり、世界中でイスラム教に対する警戒感が生まれた。イスラム教は、キリスト教に次ぐ世界第二位の宗教で、世界中に膨大な数の信者を抱えている。テロを実行したのも、実行犯を生んだ過激な組織に属する人間も、全体からすればごく少数に過ぎない。大半のイスラム教徒は、テロとは無縁な生活を送ってきた。

だが、九・一一の衝撃が大きく、また、世界各地でテロ事件が続発したことによって、イスラム教の過激派の存在がクローズアップされただけではなく、イスラム教そのものを危険視する風潮が生まれたのである。

そもそも、九・一一が起こる以前から、キリスト教の信仰が行き渡ったアメリカの社会において、イスラム教を嫌う傾向があった。一九九三年にアメリカ・イスラム評議会が行った世論調査によると、イスラム教が最も嫌われている宗教であることが明らかになった。イスラム教を好ましくない宗教とするアメリカ人は三六％で、「好ましい」の二三％を上回った。

そこには、さまざまな出来事が影響していた可能性が考えられる。たとえば、一九七九年から八〇年にかけて、イランで「イスラム革命」が起こったときには、亡命したパフラヴィー朝のモハンマド・レザー・パフラヴィー国王をアメリカが受け入れたことから、アメリカに対する反発が強まり、イスラム法学校の学生たちによるアメリカ大使館占拠事件が起こった。これによって、外交官や警備の海兵隊員、その家族など五二人が人質になったが、占拠は長期化し、人質が解放されたのは発生から四四四日目のことであった。

また一九九三年二月には、九・一一の標的となった世界貿易センタービルの地下駐車場で爆発事件が起こり、六人が死亡し、一〇〇〇人以上が負傷する事件が起こった。この事件には、アルカイダやエジプトのイスラム主義組織、イスラム集団が関与しているとされた。

こうした出来事が起こっていたために、すでにアメリカ社会にイスラム教に対する警戒感が広がっていたと考えられるが、九・一一が起こったことで、その傾向はさらに激しいものとなった。憎悪にもとづく犯罪は、「ヘイトクライム」と呼ばれるが、アメリカ国内のイスラム教徒が迫害を受けるヘイトクライムが続発した。一般のイスラム教徒は一連の事件とはまったく関係がないにもかかわらず、敵視されたのである。

九・一一の実行犯はどんな人物か

そもそも九・一一は、イスラム教の過激派組織、アルカイダによる犯行で、その首謀者はビンラディンであるとされているわけだが、果たしてそう言い切っていいのか、そこには問題がある。ただしここで、九・一一は実はアメリカ自体が仕掛けたものだとする陰謀論について語ろうというわけではない。

九・一一の場合、実行犯は、すべてハイジャックした旅客機に乗っており、全員が亡くなっている。そのため、彼らの証言を得ることができないが、『朝日新聞』の二〇〇一年一一月二六日から翌二〇〇二年二月九日まで五二回にわたって長期連載された「テロリストの軌跡――アタを追う」では、実行犯の一人でグループのリーダー的な存在であったモハメド・アタに焦点が当てられ、その軌跡がつづられている（この連載は、後に『テロリストの軌跡』草思社として刊行されている）。それを参考にすることで、九・一一に到るまでの過程を追ってみたい。

アタは、一九六八年に、エジプトの首都カイロの弁護士家庭に生まれた。決して貧しい暮らしではなく、むしろエリート家庭に育ったことになる。

しかも、本人は子どものころから秀才と言われ、カイロ大学に進学した後、一九九二年にはドイツのハンブルク工科大学に留学している。大学では都市計画を専攻し、九九年には学士号を取得している。卒業後もハンブルク工科大学に籍をおき、研究を続けていた。

実は、九・一一の実行犯とその補佐役になった人間には、アタを含めハンブルク工科大学の留学生が七人もいた。ほかにも、同じハンブルクにあるハンブルク大学やハンブルク専門大学の留学生も含まれており、このグループが中心となって計画が実行されている。その中心にいたのがアタだった。

アタは真面目な学生で、教授に気に入られ、アルバイト先の都市計画事務所でも評判がよかった。卒業論文のテーマには、シリアの古都アレッポを選び、一九九四年には二度ほどアレッポを訪れ、そこで五週間をすごしている。

翌年の一九九五年、三カ月にわたってほかの二人のドイツ人学生とともにカイロに研修旅行に出かけている。『テロリストの軌跡』では、故郷であるカイロで、貧困という現実や現政権に批判的だと公務員に採用されないといったことに幻滅し、アタは変わっていったと説明されている。

同じ年、アタはメッカへの巡礼も果たしたとされる。彼のアルバイト先の社長によれば、それ以降彼は、「いっそうきまじめになり、あまり笑わなくなった」という。このころ、アタには何らかの変化が起こっていた可能性が高い。

アタは、一九九九年一月九日、パキスタン人の学生とともに工科大学の学生会館を管理している学生代表会議を訪れ、学生会館に「祈りの部屋」を確保するよう要求した。アタは、一日五回の祈りが必要だが、イスラム教の礼拝所であるモスクは大学から遠く、大学で勉強を続けるためには、どうしても祈りの部屋が欲しいのだと訴えた。

最初、学生会議の委員は学内での布教活動は困ると、その申し出を断ろうとしたが、話し合いの結果、使用許可を出した。その祈りの部屋には二〇人前後の学生が出入りしていたとされる。

ここで注目されるのが、アタの指導教授となったディトマー・マフーレが彼に対して抱いた印象である。九・一一が起こった直後には、アタが大柄で酒を飲み、電気工学を専攻していたと報道された。電気工学の専攻は明らかに間違いである。そのため、マフーレ教授のなかではテロリストのアタと、自分が接した学生のアタとが簡単には結びつかなかったという。

マフーレによれば、アタは酒もタバコもやらず、背丈もどちらかと言えば小柄だったという。マフーレは、アタにかんしてもっとも印象的だったのは「透明感と深みのある目」であったと述べている。

アタは、故郷のカイロに研修旅行で戻って以降、イスラム教への信仰を深めたと考えられる。エジプトは、イスラム教の国であり、アタも幼い頃からそれに接していたはずだ。イスラム教には、後の章で詳しく述べるが、キリスト教の洗礼にあたる入信の儀礼はない。イスラム教の国に生まれた人間が、そのままイスラム教徒になるというのが一般的なあり方である。

ところが、アタは、ドイツに留学し、故国とヨーロッパの先進国という二つの世界を経験することによって、精神的な面で変化を見せていった。あるいは、大学を卒業した後に、将来を見据えて、どういった道に進むかを大いに悩んだのかもしれない。そのなかで、真面目なアタは、信仰というところに一つの道を見出していったように見える。だからこそ、祈りの部屋の設置を要求し、担当教授が強く印象づけられた「透明感と深みのある目」を獲得することになったのだ。

そうした変化を経験したアタは、九・一一につながるテロの計画を発想するに到ったのだろう。そこらあたりのこころの動きを教えてくれる情報は欠けているが、アタは、事件の前年、ハンブルクからと思われるが、二〇〇〇年三月にオクラホマ州ノーマンにある航空学校にメールを送り、設備や教育内容について尋ねている。

そして、六月三日にはアメリカに入国し、七月はじめには世界貿易センタービルに突っ込んだ二機目の旅客機を操縦していたマルワン・アルシェヒとともに、フロリダ州ベニスのホフマン航空学校に入学している。二人はその年のあいだ訓練を続け、年末には自家用単発機の免許を取得した。

実行犯グループとアルカイダの関係

では、このアタのグループと、ビンラディンのアルカイダとはどのような関係を結んでいたのだろうか。

それについては、九・一一から三年が経とうとしていた二〇〇四年七月に、アメリカ政府が組織した調査委員会が作成した『九・一一委員会報告書（The 9/11 Commission Report）』で説明されている。

この報告書では、九・一一が起こるまでの経緯が詳細に報告されているが、ビンラディンとアルカイダの幹部たちは、ハイジャックした旅客機によってホワイトハウスやペンタゴン、そして世界貿易センタービルなどを攻撃する構想をもち、それを具体化する作業を進めていたとされている。

ところが、実行犯として予定されたメンバーがアメリカのヴィザを取得できないといったことが起こったため、計画は一時頓挫しかけた。そのときに浮上したのが、実行犯となったモハメド・アタをはじめとするハンブルクのグループだった。

一九九九年の終わりごろ、アフガニスタンのカンダハルにあるアルカイダの本拠に、アタのほか、アルシェヒ、ラムジ・ビナルシブ、ジアド・ジャラといった四人のハンブルク・グループがやってきた。このうち、アタとアルシェヒ、そしてジャラは、テロの実行犯となった。

なお、残りの一人、ビナルシブは、彼らに資金を送金したとされ、二〇〇二年九月にパキスタンで逮捕された。

彼らは、ビンラディンやアルカイダの幹部たちから計画の指示と資金援助を受け、テロを敢行したというのである。

報告書の説明は詳細であり、具体的である。興味深いのは、テロにかかった経費の総額が推計されている点である。報告書によれば、かかった費用は四〇万ドルから五〇万ドルのあいだだろうと見積もられている。九・一一が起こった二〇〇一年後半の円の対ドル相場は一ドル一二〇円程度であり、それで換算すると、日本円にして総額は四八〇〇万円から六〇〇〇万円のあいだということになる。とても、アタのグループが用意できる額ではない。

報告書に述べられている通りなら、九・一一の背後には、ビンラディンに率いられた国際テロ組織、アルカイダが存在し、その指示と資金援助を受けたモハメド・アタを中心としたハンブルク・グループが、テロの実行に及んだことになる。これは、たんにこの報告書で述べられているだけのことではなく、一般にも、ビンラディンの指示と支援のもとで、九・一一の事件が引き起こされたと認識されている。

報告書は、アメリカ政府が組織した調査委員会が総力をあげて調べたものであり、信用度は相当に高いと考えられる。

ところが、報告書の注の部分を読んでみると、果たしてそう考えていいのか、かなり疑わしく思えてくる。

というのも、アルカイダとハンブルク・グループの関係について述べた部分は、ほとんどが、逮捕され、その後拘留されたビナルシブへの尋問によるものだからだ。ビナルシブに対する裁判は公開で行われているわけではなく、その証言にどの程度の信憑性があるかはわからない。

『九・一一委員会報告書』の真偽

実際、アタの足跡を追った前掲の『テロリストの軌跡』のなかでは、アタを中心としたハンブルク・グループが、一九九九年の終わりにアフガニスタンを訪れ、ビンラディンと接触をもったとはされていない。アタが、アフガニスタンを訪れたのは、九六年から九八年のあいだのこととされている。その情報は、アタが都市計画の研究のために訪れたシリアの古都アレッポに住むアタの友人から朝日新聞の記者が得たものだった。その友人は、「九六年から九八年ごろまで二年間、アタはアフガニスタンにいた。カイロから向かった。そうアタから知らせがあった」と語った。逆に、このことは、『九・一一委員会報告書』のなかで述べられたアタの経歴のなかには出てこない。

アタを中心としたハンブルク・グループがどのような経緯を経て形成されたかについても、『テロリストの軌跡』では詳しい後付けはなされていない。一方、『九・一一委員会報告書』のなかでも、このグループが一九九九年の終わりにアフガニスタンを訪れ、ビンラディンやアルカイダの幹部と接触をもって以降のことは述べられているものの、それ以前のことはあまり詳しくは述べられていない。

それは、『九・一一委員会報告書』が、アルカイダという組織を中心に、事件全体を組み立てようとしているからである。その観点からすれば、ハンブルク・グループは、アルカイダの下部組織の一つにすぎなくなってしまうのである。

アタのグループが、アルカイダの下部組織で、そのリーダーであるビンラディンの命令に絶対服従するというのであれば、彼らが、アルカイダのなかで生まれた「飛行機をハイジャックして、それでアメリカを攻撃する」という構想を実現するために行動するということはあり得る。

しかし、それもアルカイダを、メンバーの間での結束力が強い、上意下達の組織と想定した場合に成り立つことである。もし、そうでないとすれば、『九・一一委員会報告書』で述べられていることをそのまま事実として受け入れるわけにはいかなくなってくる。

実際、アルカイダについては、それほど強固な組織ではないのではないか、さらには、そもそも組織とは言えないのではないかという見解も数多く出されている。

九・一一はアルカイダが仕組んだものではない？

そうした見方をとっているのが、二〇〇五年六月五日に、NHKのBS1で放送された、『〝テロとの戦い〟の真相』というドキュメンタリー番組である。この番組は、「(1)イスラム過激派とアメリカネオコン」、「(2)アフガン戦争　幻の勝利」、「(3)幻のテロ組織を追って」の三部構成である。その中身は、アルカイダという組織は実際には存在せず、アルカイダを打倒するためのアメリカの戦いは幻想だという、かなり衝撃的なものだった。これは、イギリスのBBCが制作したもので、イギリス本国ではその年の一月に放送され、BAFTA（The British Academy of Film and Television Arts）でドキュメンタリー部門賞を受賞した。

この番組では、まずテレビメディアでよく取り上げられるビンラディンを取り巻く大勢の兵士たちというのは、実は臨時雇いのエキストラにすぎず、彼は確固とした組織などもってはいないことが指摘されている。

一九九八年八月七日に、「在ケニア・在タンザニア米大使館同時爆破事件」が起こるが、その際に、実行犯でないビンラディンを起訴するため、アメリカの司法当局は、以前にビンラディンと行動をともにしたことのあるスーダン人、ジャマル・アルファドルによる「ビンラディンを頂点とする、彼が名付けたアルカイダという強固な組織がある」という証言を採用した。ところが、アルファドルは、莫大な報酬と引き換えに偽証していたというのである。

さらに、九・一一以前に、ビンラディンが米大使館爆破事件を引き起こしたグループをアルカイダと呼んだ証拠はない。同時多発テロにしても、それを計画したのは、パキスタン系クウェート人のハリド・シェイク・ムハンマドであり、ビンラディンは資金の提供と実行犯の人選にあたっただけだという。

イギリスの安全保障の研究者であるバース大学教授ビル・デュロディは、「テロネットワークは存在しない。それはわれわれの幻想が生み出したもの。社会全体が大騒ぎするほど根拠のある話ではない」と語っている。

ハリド・シェイク・ムハンマドは、『九・一一委員会報告書』のなかで、「KSM」と略称され、その言動が詳しく記されており、一般には、ビンラディン、アイマン・ザワヒリにつぐアルカイダのナンバー3と目されている。KSMは、二〇〇三年三月にパキスタンで拘束され、それ以降アメリカ国内に拘留されている。

このBBCの番組は、アルカイダを強固な国際的テロ組織としてとらえる常識に真っ向から挑戦したもので、その内容は興味深い。ただ、番組の放送後に、その内容の信憑性に疑問を持たせるような重大な出来事が発生した。

番組では、日本で一九九五年に起こった地下鉄サリン事件のように毒ガスを使った地下鉄のテロが、ロンドンでも実行されるのではないかという情報に対して、それを杞憂に過ぎないと断定していた。ところが、すでに述べたように、番組の放送から半年が経った七月七日、ロンドンの地下鉄とバスで爆発物を使ったテロが起こった。そのため、NHKでは、七月二八日に予定していた再々放送を急遽中止している。

番組の制作者は、簡単にテロが起こる現在の状況について十分な認識をもっていなかったことになるが、番組で指摘されたアルカイダのとらえ方についての疑問は非常に重要な指摘である。

「アルカイダ」の意味すること

ほかにも、同様の観点から、アルカイダを組織としてとらえることに疑問を呈しているジャーナリストがいる。それが、ジェイソン・バークである。彼は、『アルカイダ――ビンラディンと国際テロ・ネットワーク』（坂井定雄・伊藤力司訳、講談社）という本のなかで、その観点からアルカイダについて論じている。

バークはまず、アルカイダということばのうち「カイダ」がアラビア語のカフ・アイン・ダールに由来し、「アル」の方は定冠詞であると指摘している。カイダは、キャンプや家、台座の下にあって柱を支える基礎を意味している。あるいは、戒律、規則、原則、原理、形式、方法、模範、型などの意味もある。

少なくとも、アルカイダは固有名詞ではなく、普通名詞なのである。ところが、それがアラビア語であり、アラビア語を知らない人間にはまったくなじみがないので、あたかも固有名詞であるかのように受けとられるわけだ。

アルカイダという単語は、一九八〇年代に、アフガニスタンに侵攻したソ連軍と戦うためにイスラム世界の至る所から集まって来た義勇兵のあいだで使われたが、その時点では、出撃するための基地を意味しているにすぎなかった。それが、ソ連軍が撤退したあとも戦いを続けたグループのなかで、別の意味で使われるようになる。

たとえば、スンナ派の法学者でパレスチナ人であり、ビンラディンの師であったアブダラー・アッザームは、マルクス主義に由来する「前衛」という概念を持ち出し、次のように述べていた。

厳しく、終わりのない、困難な道のりが目的地に到達するまで、前衛は旗を掲げ続ける。何となればアラーが、前衛は前衛たるべきこと、前衛であることを身を以て示すべきことを、命じているからである。こうした前衛が、将来あるべき社会のための基盤（アルカイダ・アルスルバ）を形成するのである（前掲『アルカイダ』より）。

こうしたイスラム世界における前衛の概念は、エジプトのムスリム同胞団の思想家、サイイド・クトゥブに遡るものである。クトゥブは、エジプトの大統領だったナセルに弾圧され、獄につながれるが、獄中で書かれた『道標』という書物のなかで、ナセルの体制をイスラム教の教えに反するものととらえ、イスラム教の前衛による政治権力の奪取を訴えた。その結果、クトゥブは、一九六六年に絞首刑に処せられている。

この時代のアラブ世界では、アラブ社会主義が唱えられており、クトゥブの思想は、マルクス主義の影響のもとに先鋭化したと言える。それが、アッザームに受け継がれたわけである。バークは、アッザームはここで、アルカイダということばを組織を意味するものとしてではなく、運動のモードを意味するものとして使っているにすぎないと指摘している。

一九九一年から九三年ごろにパキスタンで編集されたテロリストの教則本である『ジハード百科事典』では、アッザームやビンラディンに謝意が表されているが、アルカイダについてはまったくふれられていない。また、九三年の世界貿易センタービルの爆破事件の前、ＪＦＫ空港で捕まったアハメド・アジャジャという男が、「アルカイダ」というタイトルのテロリスト訓練マニュアルを所持していたが、当時のアメリカの捜査当局はそれを「基本的ルール」と翻訳した。バークは、この訳は「正解である」と述べている。

「組織化されたテロ集団」といえるのか

ビンラディンは、一九八九年に母国のサウジアラビアに戻り、義勇兵を組織して防衛にあたらせるという申し出を行ったものの、サウジアラビア政府に拒否された。九一年には母国を去ってスーダンへと向かう。スーダンには九六年まで滞在した。この期間、アメリカの諜報機関は、アルカイダを見失っていたと批判されているが、バークは、当時アルカイダという組織が存在しない以上、この批判は不当であるとしている。

アルカイダについて最初に言及したのが、一九九六年のＣＩＡレポートで、そこでは、「ビンラディンは一九八五年までに……イスラム救国戦線ないしアルカイダを組織した」と述べられていた。ただし、このレポートでは、イスラム過激派の資金係としてのビンラディンについては詳しく述べられているものの、アルカイダについては名前があげられただけだった。この時期の他の報告書においても、アルカイダについてはほとんど言及されていない。

バークは、一九九六年にビンラディンがスーダンからアフガニスタンに移動したとき、はじめて「組織されたテロ集団と表現されてもおかしくないような、実体のあるものを結成する機会を得」たと述べている。その後五年間のあいだに、その集団は組織体としての形を整えていったものの、それでも五〇人から一〇〇人程度の戦士を抱える集団に過ぎなかった。

アメリカなどによるアフガニスタン攻撃が行われた二〇〇一年の終わりの時期には、ビンラディンの周囲に実体のある組織が存在するようにはなるが、もっとも組織化が進んでいたはずのその時期でも、「『アルカイダ』が緊密に組織されたテロ集団で、至る所に細胞を持ち、ネットワークに抱え込んだ他のグループを全て服従させている機関と、見なすべきではなかった」と、バークは述べている。

「組織」なのか「ネットワーク」なのか

アルカイダが組織であるかどうかを議論する際に、一つポイントになるのは、それぞれの社会において、そもそもどのような組織が存在し、どういった組織観が広がっているかという点である。この点は、テロ組織を論じる際に、ほとんど議論になってこなかった。

日本人は、組織というものに慣れ親しんでいる。多くの人間は何らかの組織に属しており、しかも、その組織は大企業や公務員組織のように、規模が大きく、統制がとれている。それは、アメリカなどの先進国にも共通した現象であり、近代になって経済発展をとげた国々では、組織化が進んだ集団を基盤に社会は形成され、発展をとげてきた。

そのため、日本を含め、先進国の人間は、世界中のどこにでも一定の秩序をもった強固な組織が存在すると思ってしまう。しかし、それは錯覚で、先進国以外の国々では、大規模な組織などそもそも存在しない。さらに言えば、日本的な感覚で組織の名に値するような集団自体がないのである。

先進国の人間は、ビンラディンというテロリストがアルカイダという組織を率いていると聞くと、そこに自分たちの社会に存在する組織のイメージを投影し、アルカイダを強固な国際的テロ組織と見なしてしまうのだ。組織社会に生きる人間からすれば、九・一一のように規模も大きく費用もかかる計画は、十分に統制のとれた組織でなければ実行できないと考える。しかし、そもそも組織一般が存在しない社会から生み出されたアルカイダは、先進国の人間が考える組織とはまったく違うものなのである。

『九・一一委員会報告書』では、すでにふれたように、ハイジャックした旅客機で、アメリカの権力と富とを象徴するホワイトハウスやペンタゴン、世界貿易センタービルに自爆攻撃を仕掛けるというアイディアは、ビンラディンとアルカイダの幹部たちの発案によるものだったとされている。

しかし、『アルカイダ』の著者であるバークは、ハイジャックのアイディアが、もともとビンラディンの周辺にあった可能性を否定し、むしろ、最初の発案者は、ハンブルク・グループではなかったかと推論している。ビンラディンの周囲に、アメリカに対して攻撃をしかけようというアイディアはあったかもしれない。しかし、具体的な方法は煮詰められていなかった。そこに、たまたまアタたちによってハイジャック計画が持ち込まれ、それにビンラディンたちも乗ってしまった。それが実態ではなかったのかというのである。

そのときの様子はテレビでも放送されたが、九・一一の直後、ビンラディンはサウジアラビアの宗教指導者と会談を行った。その際、ビンラディンは、作戦の目的は知っているものの、計画の詳細は知らなかったと述べていた。彼には建設技術者としての経験があり、そこから航空機を超高層ビルに衝突させたときどれほどの打撃を与えることになるかを計算していたと語ってはいた。だが、その映像を見るかぎり、彼がすべてを計画し、その指示のもとにテロが実行されたようには思えなかった。やはり、ビンラディンはアタのグループの計画に便乗したのではないか。計画にかかわったとしても、それはあくまで資金の調達役にとどまったのではないだろうか。

さまざまな点で、アルカイダを、ビンラディンを頂点としたピラミッド構造をもつ強固な組織としてとらえるわけにはいかない。組織とさえ言えず、むしろ一つのネットワークとしてとらえるべきではないだろうか。

つまり、アルカイダとは、アメリカや先進諸国、あるいはイスラム世界の現政権に対して攻撃をしかけようとする人間たちが関与することで作り上げられたネットワークであり、そのネットワークにかかわる人間を、そのままアルカイダという組織のメンバーとしてとらえるわけにはいかないのだ。バークは、「残っているすべては『アルカイダ』のイメージだけだ。『アルカイダ』のメンバーだといえば、アルカイダなのだ」と述べている。これが事実なら、アルカイダという呼称はテロリストとほぼ同義の意味しかもち得なくなってしまう。

インターネットの活用による新たな問題

アルカイダが、組織というよりも、むしろネットワークに近いという点は、テロという行為を実行するにあたって、インターネットが広く活用されている実態と深い結びつきをもっている。

ネットワーク化したテロ組織は、プロパガンダを広める場所としてインターネットを積極的に活用する。テロが実行された場合、実行犯による声明文は、ウェブサイトやメーリングリストに載せられる。最近では、イスラム国（ＩＳ）が、拘束した人間を殺害する際の映像を、ウェブサイトを通して流しているが、それは、イスラム国（ＩＳ）以前にも、テロリストが行っていたことである。テロの予告も同様で、その際にもインターネットが活用される。

資金の調達や、テロを実行する人間のリクルートにも、ウェブサイトやメーリングリストが活用される。またインターネットは、情報収集や爆弾の製造方法を教えるためなど、さまざまな形でテロリストに利用されている。通信の手段としても、電子メールやチャットが活用されており、これによって、世界中どこにいても、テロを志す人間同士が容易に、しかも匿名で連絡を取り合うことができる（「テロリストとインターネット」『日本経済産業新聞』二〇〇四年八月一〇日）。

こうした電子メディアが発達していない時代においては、テロを実行しようとする人間同士は、同一の組織に属し、頻繁に接触をくり返すなかで、謀議をめぐらすしかなかった。そうした状況においては、組織を秘密にしたり、メンバーであることを隠蔽するなど、さまざまな工作が不可欠だった。それは、テロを取り締まる側には、テロリストを捕捉する手立てを与えることになったのだが、ネット上だけでつながっている人間同士を特定し、とらえることは容易なことではない。しかも、そのネットワークはグローバルな広がりをもっており、その点で捜査をより困難なものにしている。

さらに、インターネット上に流される情報は、その真偽をたしかめることが難しいという側面をもっている。たとえば、同時多発テロ以降、ビンラディンのメッセージが何度かネット上や、アラブ諸国向けの衛星テレビ、アルジャジーラなどに流されたが、収録された時期を特定することは難しく、果たしてビンラディンが生存しているのかどうかについてさえさまざまな憶測を生むことにもなった。他の情報についてはなおさらで、テロリストを捕捉しようとする側が混乱に陥ってしまう危険性が高くなっている。

世界中のどこかに、現在の社会状況に対して不満をもち、自らの意思を世界に示すためにテロを企てる人間がいたとする。その人間は、インターネットにアクセスすることによって、テロを実行する上で、いったい何を標的にし、どういった手段をとればいいのかを知ることができる。必要ならば、具体的な情報を提供してくれる人間に直接アクセスすることもできるし、資金援助などのサポートを求めることもできる。さらには、テロを正当化する思想を学ぶこともできるし、声明文の例文を探すこともできる。

しかも、自爆テロという手段が一般化していて、ナップサックに手製の爆弾を入れ、それをどこか標的となる場所で爆発させるだけで、大規模なテロが実行可能になった。自らの命を犠牲にしないということであれば、秘密裏に爆弾をしかけなければならず、組織的な活動を必要とするが、自爆テロなら、ごく少数の人間だけで簡単に実行に移すことができる。極端に言えば、一人でも実行できるのだ。

こうしたテロが実行されたとき、捜査当局が、実行犯がアルカイダと関連するウェブサイトにアクセスしていたことを確認し、アルカイダやイスラム国（ＩＳ）による犯行だととらえたとしても、それにはほとんど意味がない。その人間は、アルカイダやイスラム国（ＩＳ）という組織のメンバーであるわけではなく、バークが指摘するように、アルカイダ的な、あるいはイスラム国（ＩＳ）的な行動様式をとっているに過ぎないからである。

未曾有のテロ事件をめぐる残された謎

『九・一一委員会報告書』が意外なほど調査が杜撰で、九・一一の計画が具体的にどのように進められたのかが十分に捕らえきれていないのも、アルカイダが強固なテロ組織ではなく、ネットワークであることが関係している。バークも強調しているように、少なくとも、ビンラディンが発案し、アタたちはその命令に従って未曾有のテロ事件を起こしたというわけではない。もっとも、テロ事件の詳細は国家機密に属することであり、それを秘密にするためにあえて重要な事柄について言及されていない可能性もある。

なぜアタのグループは、アメリカを標的に選んだのだろうか。グループのメンバーの多くは、ドイツのハンブルクで生活していたわけで、アメリカでは暮らしていない。アメリカに移民し、そこで差別にあっていたというわけでもない。彼らがアメリカに対する憎しみを強めなければならない直接の理由は見出しがたい。

そこには大きな謎があり、その謎は今になっても解明されていない。あるいは、世界に衝撃を与えるということが第一の目的であり、そのために、アメリカの富の象徴とも言うべき世界貿易センタービルが選ばれたのかもしれない。

ホワイトハウスや議事堂、ペンタゴンも具体的な標的になったわけで、もしホワイトハウスに旅客機が突入し、それで大統領の命が奪われていたとしたら、九・一一のイメージはまた大きく変わっていたことだろう。十数人の小さな集団で、大国アメリカに計り知れない打撃を与える。そこに、彼らは自分たちの命を犠牲にする価値を見出したのかもしれない。それはたんなる妄想には終わらず、間違いなく世界に衝撃を与えたのだった。

ではそれは、アタが人生の途中で目覚めたと考えられるイスラム教の信仰とどのように関係するのであろうか。次に考えなければならないのは、その問題である。

第2章

イスラム教は危険な宗教なのか

頻発する宗教を背景としたテロ

第1章では、二〇〇一年のアメリカでの同時多発テロ以降、宗教を背景としたとされるテロが世界中に頻発し、二一世紀は「テロの時代」であると言われるようになったことについて見ていった。

二〇世紀においては、第一次と第二次の二度にわたる世界大戦が起こり、そこから「戦争の時代」としてとらえられてきた。それに対して、グローバル化が進んだ二一世紀には、世界の国々が真っ二つに分かれて戦争状態に突入する世界大戦の可能性はほとんどなくなったものの、それによって世界に根本的な平和がもたらされたわけではない。逆に、さまざまな形での格差や差別が拡大し、今度はテロによる脅威に世界がさらされるようになったのである。

もちろん、宗教を背景としたテロと言った場合に、その主体となるのはイスラム教とは限られない。日本でのオウム真理教の事件の場合も、この集団は仏教教団であることを標榜しており、その点では、仏教の信仰を背景としてテロを実行したと見ることができる。ほかにも、ミャンマーやタイ、あるいはスリランカでも、仏教原理主義の集団がテロ事件を起こしている例がある。日本人は、仏教というものを、平和を志向する宗教としてとらえるため、オウム真理教については仏教から排除したりするが、仏教も状況によっては排他性を発揮し、他の宗教と対立関係に陥ることがあるわけである。

また、二〇一一年にはノルウェーの首都オスロ郊外で、六九人が殺害される銃の乱射事件が起こっているが、その犯人は、単独犯であったものの、極右とのつながりのあるキリスト教原理主義者であると言われている。このときには、オスロの政府庁舎も同時に爆破され、そちらでも八人が亡くなった。

アメリカのクー・クラックス・クラン（KKK）は、プロテスタントのアングロサクソンのみがアダムの子孫であるという立場をとり、有色人種、カトリック、共産主義者に対して暴力的な手段を使って敵対した。その創始者はプロテスタントの牧師であった。こうしたキリスト教の原理主義についても、第4章でふれることになる。

インドでは、土着のヒンドゥー教とイスラム教やキリスト教との対立があり、ヒンドゥー教の過激派がイスラム教のモスクを破壊して、それが暴動に発展したり、キリスト教の宣教師を殺害するような事件も起こっている。

この点では、決してイスラム教だけがテロに結びつくわけではない。しかし、同時多発テロの衝撃はあまりにも大きいし、その後、イスラム教の原理主義過激派によるテロが頻発したこともあり、イスラム教は危険な宗教であるというイメージが世界に広がっている。

シャルリー・エブド襲撃事件の衝撃

そして、イスラム国（ＩＳ）が台頭し、残虐な行為を全世界に向けて発信したり、二〇一五年一月七日に「シャルリー・エブド襲撃事件」が起こったことで、ふたたびそのイメージが強化された。さらに、一一月一三日に「パリ同時多発テロ事件」が起こることで、イスラム教を恐れる声は決定的に高まった。

シャルリー・エブド襲撃事件は、武装した覆面の犯人たちが、政治的な風刺を売り物にしている『シャルリー・エブド』という週刊誌を襲撃し、同誌の編集長をはじめ一二人を殺害した事件である。犯人は逃走し、人質をとって立て籠もったが、突入した特殊部隊によって二人の犯人はどちらも射殺され、人質からも四人の犠牲者が出た。これに対しては、フランス各地で犠牲者を追悼するための大規模な行進が行われ、そこにはヨーロッパ各国の首脳も参加したことで、大きな話題になった。

『シャルリー・エブド』が襲撃されたのは、同誌が以前から、イスラム教の預言者であるムハンマドを揶揄した風刺画を度々掲載してきたからである。同誌は、フランス政府から自粛の要請が出ていたにもかかわらず、風刺画の掲載を止めなかった。犯人となったのはパリ出身のアルジェリア系フランス人の兄弟であり、シャルリー・エブド誌の事務所に突入したときには、「預言者の復讐だ」、「神は偉大なり」と叫んでいたとされる。「神は偉大なり」は、イスラム教の祈りのことばである。

イスラム教を風刺する行為が世界的な騒動を巻き起こしたということでは、一九八九年の『悪魔の詩』をめぐる出来事のことが思い起こされる。これは、インド出身の元イスラム教徒の作家、サルマン・ラシュディが執筆した『悪魔の詩』という小説に、ムハンマドが、イスラム教で禁じられた豚を食べるなどの場面があったため、イスラム教を冒瀆するものだとして、猛烈な反発を受けた出来事のことである。この小説自体は難解で、幻想文学の手法を使って書かれており、一般のイスラム教徒が読んだとは考えにくく、政治的なキャンペーンによって批判の声が高まったものと考えられる。

とくにイランの最高指導者アーヤトッラー・ホメイニーによって、ラシュディが死刑を宣告されたことが騒ぎを大きくした。また、イランの財団は、ラシュディの死刑の実施に対して数億円の懸賞金をかけた。これによって、著者に対してはイギリス警察によって二四時間の警備がつけられた。

そのせいもあり、ラシュディ自身は無事だったものの、一九九一年七月一一日には、『悪魔の詩』の日本語への翻訳者、筑波大学の五十嵐一《いがらしひとし》助教授が、大学の構内で何者かによって刺殺されるという事件が起こった。捜査は行われたものの、犯人はつかまらなかった。

したがって、イスラム教の過激派の犯行であるかどうかもわからないし、そもそも『悪魔の詩』の翻訳が原因だったかもはっきりしない。しかし、イタリアやノルウェーでも『悪魔の詩』の翻訳者が襲撃され、重傷を負うという事件が起こっている。トルコでは、翻訳者の集会が襲撃され、三七人が死亡するという事件も起こっている。その点では、五十嵐助教授も、『悪魔の詩』の翻訳に反対する人間によって襲われた可能性が考えられる。

イスラム教の信者の数は、全世界でおよそ一六億人にのぼるとされている。もちろん、そのなかで、過激な行為に及ぶのはごく少数の人間である。実際、シャルリー・エブド襲撃事件の犯人は、関連した立て籠もり事件の犯人を入れても、全部でわずか三人である。出版社を襲った二人は兄弟であり、大規模な組織による犯行というわけではない。

九・一一の場合では、実行犯は一九人と多く、その背後には、アルカイダというテロ組織が存在すると見なされている。実行犯とアルカイダとの関係については、すでに前の章で検討を加えたが、それは組織というよりもネットワークと考えるべき人間関係のつながりである。少なくとも、アルカイダが厳格で強固で規模の大きなテロ組織であるというわけではないし、九・一一が、アルカイダがその組織の総力をあげて実行した事件というわけではない。

しかし、シャルリー・エブド誌がムハンマドの風刺画を掲載したときには、イスラム教の国々で抗議の声があがり、デモも起こっている。二〇〇五年九月にも、デンマークの日刊紙が、ムハンマドが爆弾に模されたターバンを巻いている風刺画を掲載し、イスラム教社会から猛反発を引き起こすという出来事も起こっている。

このように、実際に犯行に及ぶ人間は少数でも、その背景には、風刺画や風刺小説に対して激しい抗議活動を展開するイスラム教の社会がある。言論の自由を標榜して、風刺を許容するヨーロッパ社会からしてみれば、イスラム教の社会は信仰によって縛られ、言論の自由がないように見えてくるのだ。

イデオロギーの対立から「文明同士の衝突」の時代へ

そうした感覚を強化し、そこに理論的な枠組みを与えたのが、アメリカの政治学者、サミュエル・P・ハンチントンの『文明の衝突』(鈴木主税訳、集英社)という書物であった。

『文明の衝突』は、原著が一九九六年に刊行され、日本語訳も九八年に刊行されている。「はじめに」でふれたフランシス・フクヤマの『歴史の終わり』と同様に、冷戦構造が崩壊した後の世界のあり方を読み解こうとする試みであり、その際に、ハンチントンは、異なる文明同士の衝突ということを強調した。

冷戦の続く時代においては、西側と東側、資本主義、ないしは自由主義と社会主義、ないしは共産主義が対立しているととらえられた。それは、社会制度、あるいは経済制度の対立であり、近代的なイデオロギーが対立の根本的な原因であるととらえられた。

ハンチントンはそこに文明という概念を持ち出してくる。私たちが、文明ということで思い出すのは、「四大文明」というものである。四大文明は、古代に花開いた先進的な地域のことで、そこにはメソポタミア文明、エジプト文明、インダス文明、黄河文明が含まれる。これは一九世紀の終わりから唱えられるようになったものである。

ハンチントンの方は、古代の文明を問題にしているのではなく、現在の世界における文明について語っており、彼はそれを八つに分けている。中華文明、ヒンドゥー文明、イスラム文明、日本文明、西欧文明、東方正教会文明、ラテンアメリカ文明、アフリカ文明の八つである。

私たち日本人からすれば、日本文明が独立したものとして扱われていることに関心を抱いてしまうが、ハンチントンは、日本文明について、「一部の学者は日本の文化と中国の文化を極東文明という見出しでひとくくりにしている。だが、ほとんどの学者はそうせずに、日本を固有の文明として認識し、中国文明から派生して西暦一〇〇年ないし四〇〇年の時期にあらわれたと見ている」と規定している。

日本文明の成立を相当に古い段階においているなど、この規定の仕方には問題があるようにも思われるが、重要なのは、他の七つの文明の分け方である。それは地域が元になってはいるものの、多くの場合は、宗教ということが、それぞれの文明を分ける指標として用いられている。東方正教会文明はまさにその典型だが、中華文明は儒教、道教、仏教からなり、ヒンドゥー文明はヒンドゥー教からなる文明である。西欧文明はキリスト教のカトリックとプロテスタントからなり、ラテンアメリカ文明は主にカトリックが基盤になっている。

インド亜大陸の場合には、インドのほかに、パキスタンやバングラデシュが含まれるわけだが、イスラム教を機軸とするパキスタンとバングラデシュについてはイスラム文明に分類されている。ハンチントンが宗教ということを文明を分ける指標としてもっとも重視していることは間違いない。

ハンチントンは、冷戦構造の崩壊以降は、とくに西欧文明と他の文明との対立ということが決定的に重要なものとして浮上してくるととらえ、イスラム文明と中国文明との対立ということを重視している。というのも、ラテンアメリカ文明やアフリカ文明は、まだ西欧文明に対して相当に劣勢であり、文明として対峙するだけの状況にはなっていない。また、ヒンドゥー文明や日本文明、そして東方正教会文明は中間的な文明であって、西欧文明に対して根本的な対立関係に陥ることがないからである。

イスラムやアジア社会と西欧との対立

ハンチントンは、冷戦構造の崩壊によって新しい時代を迎えつつある現代の世界においては、異なる文明に属する国々や集団の関係は、対立の方向にむかっており、もっとも激しい対立は、イスラムやアジア社会と西欧のあいだで起こっていると指摘している。そして、「今後、危険な衝突が起こるとすれば、それは西欧の傲慢さ、イスラムの不寛容、そして中華文明固有の独断などが相互に作用して起きるだろう」と指摘していた。

ハンチントンが、この『文明の衝突』を刊行したのは、すでに述べたように、一九九六年のことである。その元になった論文を『フォーリン・アフェアーズ』誌に「文明の衝突?」として発表したのは一九九三年夏のことだった（The Clash of Civilizations? *Foreign Affairs*, Summer 1993)。

したがって、この本は、五年後に起こる同時多発テロを予言したものととらえられ、それによって、テロの後には、より大きな注目を集めることになった。もちろん、ハンチントンの議論についてはさまざまな形で批判がなされており、そもそも八つの文明の分け方についても、果たしてそれが妥当なのかどうかについては議論がある。

だが、同時多発テロや、その後のイスラム教を背景としたとされるテロの続発は、まさに異なる文明同士の対立、文明の衝突であるという見方を広く受け入れさせることにつながったのである。

中国文明とは決定的な対立関係に陥らない

ハンチントンが西欧文明と対立するものとして、イスラム文明とともにあげた中国文明の場合だが、たしかに驚異的な経済的な成長によって、中国の影響力は強まっている。戦後の中国には、共産主義の社会が実現され、中国共産党の事実上の一党支配という状況が続き、現在の政権は民主的な選挙によって選ばれたものではない。その点で、現代の西欧文明がもっとも重視する民主主義が確立されているとは言えない。実際、民主化を弾圧した天安門事件が起こっているし、現在でも、この事件は中国国内においてタブーとされている。

こうした状況のなかで、西欧文明とは異なる文明として中国文明の存在感が増し、原理的には西欧文明と対峙する関係になってきたが、それは、西欧文明とイスラム文明のような関係にはなっていない。経済の面で対立したりはしているものの、二つの文明が、武力を含む直接的な対立には陥っていない。

そこには、中国が「世界の工場」として先進国の生産部門を担うようになるとともに、国民の生活レベルが急速に上昇し、巨大な消費市場として台頭したことが影響している。先進国と中国とは、経済によって切っても切れない関係で結ばれており、その分、さまざまな形で交流が進んでいる。中国にとっても、他の先進国の存在は大きく、その関係を崩すわけにはいかないのである。

イスラム文明VS西欧を中心とした他の文明という構図

要するに、文明の衝突と言ったとき、何よりクローズアップされてくるのは西欧文明とイスラム文明の対立ということになる。ロシアを中心とした東方正教会文明においても、前の章で見たように、チェチェンなどを中心に、イスラム文明に属する地域と他の東方正教会文明の対立という事態が起こっている。あるいは、中国文明のなかでも、イスラム教が支配的な宗教になっている新疆ウイグル自治区をめぐる紛争が起こっている。

その点では、イスラム文明は西欧文明と対立しているだけではなく、東方正教会文明や中国文明とも対立していることになる。インド亜大陸でも、長く、イスラム文明はヒンドゥー文明と対立関係にある。

そうなると、ハンチントンが世界を八つの文明に分け、その相互の衝突を問題にしたこと自体は、それほど重要な意味をもたないことになる。あくまで重要なのは、イスラム文明が、西欧文明を中心とした他の文明と対立関係にあるという点である。

「剣かコーランか」という偏ったイメージ

イスラム教については、昔から「剣かコーランか」ということが言われてきた。イスラム教は、それを受け入れる者は許すが、拒否する者に対しては、剣による殺戮も辞さないというのである。イスラム国（IS）については、まさにこのことばが当てはまると見なされており、「剣かコーランか」は、依然として死語にはなってはいない。

ただ、昔から、イスラム教のキャッチフレーズを、「剣かコーランか」としてとらえることについては、専門家からはそれを誤りとする見解が出されている。

たとえば、戦前のイスラム教研究者に大川周明《しゅうめい》という人物がいた。大川は、東京帝国大学でインド哲学を専攻し、卒業後はインドの独立運動に加わる。さらには、三月事件、一〇月事件、血盟団事件、五・一五事件などのクーデターやテロにも関与した。そして、敗戦後には、民間人で唯一A級戦犯として起訴されている。さまざまな点で興味深い人物ではあるが、東京裁判では精神に異常をきたしているとされ、松沢病院に入院させられたため、免訴されている。裁判の法廷で、前に坐った東條《とうじょう》英機《ひでき》の頭を叩いたことでも知られている。

ただ、松沢病院に入院中に、コーラン全文の翻訳を行っており、果たして本当に精神に異常をきたしていたのかがどうか、疑わしいが、大川は戦時中の一九四二年には『回教概論』という本を書いていた。回教とはイスラム教のことである。

その『回教概論』のなかでは、「剣かコーランか」という見方を西欧社会の偏見としてとらえている。それを引用すれば、次のようになる。

キリスト教徒の歴史家が、疾風迅雷《しっぷうじんらい》の勢を以て行はれしアラビア人の西アジア征服と、その住民の改宗とに驚魂駭魄《きょうこんがいはく》して、回教の弘布《ぐぶ》は専ら『剣か古蘭か』と呼号せる戦士によって成されたるものと誤り伝えて以来、マホメットの宗教は主として劍戟《けんげき》の力によって弘《ひろ》められたるものの如く考えられている。但し広く世間に流布せらるる此の思想は、明白に誤謬《ごびゅう》である。（中略）回教の迅速なる弘布の最大の原因は、その信仰の純一、教義の簡潔、伝道者の熱心、及び当時に於ける東方諸国の政治的乃至宗教的混沌であった（中公文庫版）。

大川は、「剣かコーランか」というイスラム教に対するイメージが、キリスト教社会の偏見にもとづくものであることを指摘しているわけだが、その見方は、現代においても消滅してしまったわけではない。

自身イスラム教徒であるイスラム教研究者の中田考《こう》は、『イスラーム――生と死と聖戦』（集英社新書）のなかで、大川と同様に、この「剣かコーランか」のイメージが誤ったものであることを指摘している。

「剣かコーランか」ということばからは、イスラム教徒は好戦的で乱暴であり、彼らは異教徒に対して暴力をもって改宗を迫るかのようなイメージが作られている。だが、中田は、正確には、「剣か税か『コーラン』か」であるとする。つまり、税金さえ納めさえすれば改宗する必要はなく、異教徒でも永住権が保証され、それは子々孫々まで及ぶというのである。

中田は、その際に、それが「学界では常識です」と述べているが、長い間、イスラム教に対して与えられたイメージがそう簡単に消えてしまうことはない。かえって最近の出来事は、「剣かコーランか」が、たんにキリスト教徒の偏見によるものではなく、イスラム教という宗教に固有のものであるという見方を強化することにも結びついている。

そこには、イスラム教という宗教がどのように拡大していったのか、その歴史的なプロセスというものが深くかかわっているのではないだろうか。

「世界の三大宗教」発生と拡大のプロセス

「世界の三大宗教」という言い方がある。そのように、どんな分野についても、代表的なものを三つあげようとするのが日本の社会の特徴でもあるが、世界の三大宗教と言った場合、仏教、キリスト教、イスラム教があげられることが多い。

それは、宗教人口としてキリスト教がもっとも多く、それに次ぐのがイスラム教だからだが、仏教にかんしては、第三位というわけではない。むしろ、仏教を生んだインドのヒンドゥー教の方が信者の数は多いし、中国には、儒教、道教、仏教が混淆した独自の宗教が広まっており、人口から考えて、そちらの方が仏教そのものよりも信者は多くなる。

ただ、日本の社会には、仏教が広まり、歴史を重ねていることから、仏教をキリスト教やイスラム教と並ぶ世界の三大宗教ととらえる見方が根強く存在している。

それを踏まえ、イスラム教を仏教やキリスト教と比較してみるならば、とくにその初期の歴史、あるいは成立の事情は、かなり異なったものになっている。

仏教――個人の精神的向上を目指す

仏教の場合には、釈迦《しゃか》が開祖である。釈迦の生涯が実際にどのようなものであったのかについては、ほとんど具体的な証拠も資料もなく、実在自体が疑われるが、しだいに、「仏伝」というものが形成され、釈迦はこのような生涯をたどったという物語、つまりは神話が形成されていった。

重要なのは、仏伝という神話の存在である。というのも、仏教徒はそれを真実のものとして受け入れ、それは今日でも変わらないからである。

伝説的な物語では、釈迦は、兜率天《とそつてん》というところにいた仏が、母親の摩耶《まや》夫人の胎内に入り込み、それで誕生したとされている。これは、イエス・キリストの処女降誕の話とも似ており、その点で注目されるが、重要なのは、釈迦族の王子として生まれたとされている点である。王族の生まれである以上、釈迦は何不自由のない生活を送っていた。ところが、かえってそうした暮らしが実現されていたがゆえに、釈迦は、それに疑問を感じるようになる。とくに、生老病死にまつわる苦の問題に悩むようになり、妻子を捨て、王宮を出て、出家者としての生活を送るようになる。

釈迦は、山に入って、何人かの師匠のもとで苦行に専念する。しかし、そうした方法によっては悟りに至ることができないと認識するようになり、山を降り、菩提樹《ぼだいじゅ》の下で瞑想に入る。そして、悟りを得るが、最初は、自分の悟りの内容があまりに高度なため、他の人間に伝えることができないと考え、そのまま涅槃《ねはん》に入ろうとする。

伝説では、インドの神である梵天《ぼんてん》に乞われ、それで説法を行うようになったとされる。釈迦は、それ以降、各地を遊行してまわって法を説き、それは八〇歳くらいまで続いた。そして、沙羅双樹《さらそうじゅ》の林に横たわり、永遠の涅槃に入ったとされる。

この釈迦の生涯の歩みを見る限り、そこには、「剣かコーランか」に相当するような話はいっさい出てこない。釈迦は、説法の旅を続け、その結果、弟子や信徒が増えていったわけだが、その際に、強制的に改宗させようなどという試みは行われなかった。仏教は、あくまで個人の精神的な向上をめざすものであるというイメージが、この釈迦の伝記、ないしは伝説から伝わってくる。

キリスト教──イエスの教えを伝える「宣教」

一方、キリスト教の場合だが、イエス・キリストの生涯の歩みは、キリスト教が聖典として認める『新約聖書』の冒頭におさめられた「福音書」に記されている。「福音書」が編纂されたのは、イエスの死後数十年が経ってからのことで、そこには、処女降誕や数々の奇跡など、やはり伝説に近い物語が多く盛り込まれているので、「福音書」に記されたことをそのまま歴史上の真実と認めるわけにはいかない。

そもそも、「福音書」は、マタイ、マルコ、ルカ、ヨハネの四つがあり、それぞれの記述が異なることから、イエスにまつわる伝説自体が必ずしも一つではない。ただ、「共観福音書」と呼ばれるマタイ、マルコ、ルカではかなり共通した話が採用されており、そこから、一般に次のようなイエスの伝記が認められている。

イエスは、現在のイスラエル北部のナザレの生まれで、父親は大工だったが、「福音書」のなかには、イスラエルの王ダビデの末裔であるとも伝えられている。イエスは馬小屋で生まれ、それを知った東方の三博士がイエスを礼拝するために訪れてきたという伝承もある。

イエスに先立って、洗礼者ヨハネという人物が悔い改めの必要性を説き、その教えに帰依した者に対して洗礼を施していた。イエスもヨハネから洗礼を施された。その後、聖霊によって荒野に送られ、四〇日にわたって断食し、そのあいだに悪魔による誘惑を退けたとされる。

これによって自らの信仰に確信をもったイエスは、宣教活動を行い、数々の奇跡を実現させることで弟子や信徒を増やしていく。ついには、イスラエル王国の首府であるエルサレムに入城する。ところが、イエスが当時の保守的な宗教体制、ないしは政治体制を批判したことから捕らえられ、十字架に掛けられて殺されてしまう。

これで、イエスの生涯は三〇年ほどで幕を閉じるが、墓に葬られたイエスはそこから復活したという信仰が生まれ、それが目前に迫っている最後の審判を予告するものだという復活信仰が生まれる。それがユダヤ教のなかから、新たにキリスト教という宗教を生むことにつながっていく。イエスは救世主として信仰の対象となっていくのである。

その後、イエスの復活を経験した弟子たちは、各地に散って、その教えを伝えていくことになるが、なかには、迫害によって殉教する者もあらわれた。初期のキリスト教は、少数派であるがゆえに苦渋の歴史を歩むことになる。

キリスト教においては、イエスの教えを伝える「宣教」ということが重視され、それまで異なる信仰をもっていた人間を改宗させることが信仰活動の核に据えられたものの、「剣かコーランか」のようなイメージを与えられることはなかった。むしろ、宣教者たちが厳しい迫害を受け続けたこともあり、むしろ剣によって殺害されるという覚悟をもった殉教の宗教としてとらえられていく。

「開祖の人格」が重要視されたキリスト教や仏教

いずれにしても、仏教の場合においても、キリスト教の場合においても、それぞれの宗教を開いた開祖の人格ということが極めて重要な意味をもち、それは、信徒の理想とも見なされていく。仏教においては、釈迦と同じ悟りに到達することが弟子や信徒の目標となった。キリスト教においても、「キリストにならいて」（一五世紀のトマス・ア・ケンピスの著作に由来する）といった形で、イエスのたどった道に倣うということが奨励されるようになる。

これに対して、イスラム教の場合、ムハンマドに対する姿勢は、仏教徒が釈迦に対して、あるいはキリスト教徒がイエス・キリストに対するものとは根本的に異なっている。

釈迦は、生きた一人の人間としてとらえられてはいたものの、過去仏や未来仏という観念もあり、永遠の存在であるという信仰が成立した。イエスの場合には、その死後、人間性とともに神性を体現しているとされ、三位一体の教義に見られるように、神に匹敵する存在と見なされるようになっていく。

それに対して、ムハンマドは、あくまで人間としてとらえられており、超越的で神聖な存在とは見なされていない。最後の預言者という形で、神のメッセージを授かった最終的な存在と規定されてはいるものの、イスラム教では、旧約聖書に登場するイスラエルの数々の預言者やイエスもまた預言者の一人と見なされており、その点では、ムハンマドだけが特別なわけではない。

ムハンマドの言行録であるハディースは、イスラム教の信者が従うべき信仰生活の模範を示したものとされているが、それは主に、礼拝の際に、いかに浄めるかといったことに主眼が置かれており、誰もが実践できるものばかりで、特別な存在にしかできないものは含まれていない。

そのため、ムハンマド自身の生涯ということに対しては、仏教やキリスト教ほど強い関心はむけられていない。もちろん、仏伝やイエス伝に匹敵する形で、ムハンマド伝は存在するものの、現実には到底起こらないような奇跡に彩られているわけではないのだ。

イスラム教では、ムハンマドの人格はあまり問わない

ムハンマドは、クライシュ族のハーシム家に生まれたものの、父は生まれる前に亡くなり、母も幼い頃に亡くなっている。その出生にかんして、処女懐胎のような伝説がないところに、仏教やキリスト教との大きな違いがある。

両親を亡くしたムハンマドは、叔父に育てられ、商人としての道を歩むようになる。コーランのなかに、人間と神との関係を商取引にたとえて説明したところが出て来るのも、ムハンマ

ドの商人としての経験が反映されている。

ムハンマドは二〇代で、一五歳年上だった寡婦のハディージャと結婚し、子どもも儲ける。ただ、中年期にさしかかると、悩みを抱えるようになり、洞窟で瞑想を行うようになったとされる。こうした生涯の展開は、釈迦の場合と似ているが、ムハンマドが抱えた悩みがいかなるものであったのかについて、詳しいことは伝えられていない。

釈迦については、出家にいたるまで、どういった悩みを抱えていたかは、仏伝において詳しく語られており、それは釈迦の悟りの内容とも深く関連する。ところが、コーランにも、ハディースにも、ムハンマドがどういったことに悩んだかはまったく示されていない。それは、ムハンマドの精神生活が、イスラム教において、それほど重要な意味をもっていないことの証でもある。

重要なことは、瞑想するムハンマドの前に、天使ジブリール（ガブリエル）があらわれて、神の啓示を伝えたということである。コーランは、その啓示を集めたものである。啓示は、このときだけにはとどまらず、ムハンマドは生涯にわたって神からの啓示を受け続ける。その点でムハンマドは、霊媒に近い媒介者、メディエーターであったことになる。

メディエーターは、神の霊を宿す器のような存在である。霊媒の場合には、霊によって憑依され、そのあいだは、本人の人格は失われる。そうである以上、霊媒の人格ということは問題にならない。

ムハンマドの場合には、神のメッセージを伝える存在として天使ジブリールが登場する。その点で、ムハンマドは霊媒とは異なっていると言えるが、神の啓示を記憶する記録者であるとも言える。記録者であるなら、やはりその人格ということは問われない。

もちろん、ムハンマドが最後の預言者として選ばれたのは、その人格が高潔であったからで、だからこそ、神を信仰する人間の模範と見なされたわけである。だが、媒介者、ないしは記録者という点では、釈迦やイエスとは大きく異なっている。ハディースにしても、ムハンマドがどういった振る舞いに及んだのかが記述の中心であり、人格的な徳が称揚されているわけではない。

政治的指導者としてのムハンマドの役割

ムハンマドの場合には、媒介者であるとともに、もう一つ、政治的な指導者という役割が決定的な意味をもっている。

ムハンマドが神からの啓示にもとづいて教えを説きはじめたとき、最初にその信仰者になったのは、妻のハディージャであるとされる。その後、ムハンマドの従兄弟などが加わり、徐々にその勢力は拡大していく。

ただ、アラビア語で神を意味するアッラー、よりアラビア語に近い表現をするならアッラーフの絶対性を強調し、当時、アラビア人の間で信仰されていた多神教をまっこうから否定したことで、周囲と対立し、迫害を受けることになる。

イスラム教も、キリスト教と同様に迫害を受けたわけだが、その後の展開が大きく違った。キリスト教においては、イエスは罪人として処刑されてしまうが、ムハンマドは、それまでいたメッカ（マッカ）を去り、ヤスリブというところに移る。後のメディナ（マディーナ）であり、この行為は「ヒジュラ」と呼ばれる。

イスラム教拡大には武力も用いられた

ここで一つ認識しておかなければならないことがある。それは、アッラーフにしても、ヒジュラにしても、それはアラビア語において神、あるいは移住を意味する普通名詞であり、決して固有名詞ではないということである。つまり、アッラーフは神の名前ではないのである。

その点は重要で、イスラム教における宗教的な観念にも深くかかわっていく。ヒジュラの場合、日本語では「聖遷《せいせん》」と翻訳されることが多く、固有名詞のような扱いを受けているものの、アラビア語の世界では、実はそうではないのである。それを神聖視することにも問題があり、そのことについては次の章でふれる。

ただ、ムハンマドたちが、メッカからメディナに移住することで、状況が大きく変わったことは事実である。というのも、ムハンマドは、メディナにおいて、唯一の神を信仰するイスラム教の共同体、「ウンマ」を作りあげることに成功し、政治的な指導者、さらに言えば、政治的な支配者の地位を確立していくことになるからである。

その後、このイスラム共同体は大きく発展し、それがイスラム教が世界に広がっていくきっかけにもなるわけだが、政治的な支配者としてのムハンマドの姿は、釈迦やイエスとは根本的に異なっている。釈迦は、元は王族の生まれとはいえ、出家しており、生涯王の位を継ぐことはなかった。イエスについては、ダビデ王の末裔という伝承はあるものの、やはり彼自身が王座につくことはなかった。

イスラム共同体が拡大していく過程においては、武力も用いられた。それは、周囲に、ムハンマドが説く教えをすぐに受け入れることのない勢力が存在したからで、イスラム教の信仰は、戦争による支配地域の拡大という形で広がっていった。こうしたことが、「剣かコーランか」ということばを生み、それが拡大されていく背景にあると見ることができる。

少なくとも、イスラム教の拡大の方法と、仏教やキリスト教における方法とは大きく異なっている。

仏教の場合、後には、「折伏《しゃくぶく》」と呼ばれる強引な布教の方法が編み出され、戦後の創価学会は、この折伏によってその勢力を拡大していったのだが、そうした強引な手段を用いて仏教の信仰を広める試みは、少数にとどまっている。

各宗教の入信儀礼

キリスト教では、入信の儀礼として「洗礼」という方法が確立され、プロテスタントの教団のなかには、その洗礼に導くために、さまざまな手段を用いることがある。「カルト」と呼ばれるような急進的で小規模の教団では、洗脳やマインド・コントロールといった手段を用いて、なかば強制的に入信させているという指摘もある。

それに比較すると、イスラム教には、洗礼にあたる入信儀礼は存在しないと言ってよい。一般には、二人のムスリム（イスラム教信者）の前で、「アッラーの他に神はない。ムハンマドはアッラーの使徒である」と唱えれば、それで入信したと見なされる。これ自体、非常に簡単だが、現実には、イスラム教徒としての自覚をもつかどうかがすべてであり、イスラム教の世界に生まれた人間は自動的にイスラム教徒と見なされている。

イスラム教において、入信儀礼が非常に簡単なのも、初期の時代がそうであったように、イスラム共同体が拡大していった地域においては、そこに住む人間が自動的にイスラム教に改宗したものと見なされたからであろう。前掲の中田も、「本当のところ、ムスリムになるには、アッラーを信ずることだけで十分なのです。誰がムスリムかを決めるのはアッラーなのですから」と述べている。

キリスト教では、カトリックや東方教会においては幼児洗礼が行われる。それも、信仰共同体が地域共同体と重なっており、新しく生まれた子どもが共同体のメンバーに加わることと教会のメンバーになることがイコールだからである。これは、日本の初参りの習俗とその機能は共通する。

それに対して、プロテスタントでは、幼児洗礼は認めず、信仰者としての自覚をもつようになった段階で、信者になろうとする人間は洗礼を受ける。その際には、本人にはキリスト教徒になろうとする自覚が必要となるわけで、そこでは、信仰の自覚に至る個人のこころの変化ということが重要な意味をもってくる。

こうしたプロテスタント的な考え方からすれば、イスラム共同体が広がった地域の人間が、すべてそのままイスラム教の信者であると見なされるようなあり方は、個人の信教の自由を否定するものとしてとらえられてしまう。しかも、イスラム共同体の支配する地域においては、改宗するか、税を納めるかしか選択肢がないとすれば、事実上、改宗が強制されているとも見なされるのである。

それぞれの宗教の「違い」を知ること

そこには、イスラム教という宗教と、仏教やキリスト教徒の違いということが示されている。違いがあるということ自体は当然のことで、その点で、イスラム教が否定されたり、非難されたりする必然性はない。

だが、イスラム教の原理というものが、仏教やキリスト教と異なっているのは事実であり、その点を認識しなければ、私たちがイスラム教について理解を進めていくことは難しい。

実際、日本の社会には、イスラム教については理解が難しいという感覚が広がっている。そこには、日本の社会において、イスラム教徒の数が圧倒的に少数であるということも大きな理由になっている。具体的な接触が限られているために、イスラム教がいったいどういう宗教であるのかを学ぶ機会が訪れないのである。

イスラム教が危険な宗教であるのかどうかについても、その原理を知らなければ、議論のしようがない。次に見ていかなければならないのは、イスラム教の根本的な原理であり、それが仏教やキリスト教などとどう違うのかという点である。

第3章

知られていない
イスラム教の根本原理

イスラム教発祥をたどる

そもそもイスラムという宗教は、なぜ生まれてきたのだろうか。

一神教ということでは、イスラム教が誕生する以前にユダヤ教があった。そのユダヤ教からキリスト教が生み出され、イスラム教が誕生した時代には、ローマ帝国の宗教としてかなりの広がりを見せていた。ユダヤ教が、ユダヤという一つの民族に限定される、いわゆる「民族宗教」であるのに対して、キリスト教は、ユダヤという民族の枠を超えて広がり、地域や民族に限定されない性格をもっている。そこから、「世界宗教」と呼ばれることが多い。

イスラム教の聖典であるコーランには、ユダヤ教のモーセやキリスト教のイエスやマリアが登場する。それは、イスラム教が広がる以前に、ユダヤ教やキリスト教がアラブの世界においても一定の広がりを持っていたことを示している。

民族という壁がある以上、アラブの人間たちがユダヤ教に改宗することはあり得ない。だが、キリスト教に改宗することは十分に可能だったはずである。

けれどもそうした事態は起こらなかった。ムハンマドの開いたイスラム教がアラブの社会を席捲《せっけん》し、宗教として君臨することになっていく。その後、イスラム教は、アラブの枠を超え、世界中に広がっていく。その点では、キリスト教と同様に世界宗教となったわけである。

当時のアラブは部族社会であった

キリスト教は、もともとユダヤの世界に生まれた宗教であるにもかかわらず、ユダヤ人には受け入れられなかった。ヨーロッパをはじめ、その他の地域には広がったものの、最初に布教が開始された現在のイスラエル周辺では多くの信者を獲得できなかった。イスラエルの中心、エルサレムはキリスト教の聖地でもあるが、そこを訪れるのは、周辺地域のキリスト教徒ではなく、ほとんどが遠い地域に住むキリスト教徒である。むしろ、中近東全体に広がったのはイスラム教であった。

イスラム教が広がる以前の段階で、アラブの社会においては、それを全体として統合する共同体も国家も存在しなかった。一般には、当時のアラブの世界は「部族社会」であったと言われる。この点について、鎌田繁《しげる》は、ムハンマドが生まれたメッカ（マッカ）について、それがアラブ系の遊牧民の定住した都市であり、その都市の秩序を形成し、維持したのは「部族という単位」であったとしている（『イスラームの深層――「遍在する神」とは何か』NHKブックス）。また、井筒俊彦《いづつとしひこ》も、「アラビア沙漠においては、人間生活の単位は個人ではなく部族だった」と述べている（『イスラーム生誕』人文書院）。

ただ、佐藤次高《つぎたか》編『イスラームの歴史Ｉ――イスラームの創始と展開』（山川出版社）においては、部族社会であったことが否定されている。国家のまだ存在しない段階では、人類は部族や氏族をつくって生活していたとするのが、一九世紀以来の研究者の前提であり、常識だが、アラブにおいて成立していたのは、部族ではなく、系譜集団であったと言うのだ。

その点について、『イスラームの歴史I』では、「七世紀のアラビアの人々は、部族に縛られて生きていたのではなかったのである」とされ、その当時の人間は、「父系の系譜集団に属しているかのように紹介される」と述べられている。

そうした集団をどう呼ぶかが問題になってくるが、その際には部族ということばをどのように定義するかが関係してくる。仮に系譜集団を部族と呼ぶならば、イスラムが生まれた時代のアラブの社会は、やはり部族社会であったことになる。

少なくとも、イスラム教を開いたムハンマドはクライシュ族という部族に属していたとされ、イスラム教の世界においては、クライシュ族には特権的な地位が与えられている。これは、イスラム国（IS）の出現によって注目されるようになったことでもあるが、イスラム世界全体を統合する「カリフ」になれるのは、クライシュ族の人間だけなのである。

偶像崇拝禁止の根拠

ムハンマドの率いる勢力は、最初、メディナ（マディーナ）に拠点をおき、メッカ（マッカ）の勢力と戦うことになる。最初はかなり苦戦していたものの、西暦六三〇年には、メッカへの無血入城を果たす。メッカの中心には、それまでもカーバ神殿があり、アラブの人々の信仰を集めていた。ところが、ムハンマドはそのカーバ神殿に祀られていた偶像をすべて破壊してしまった。偶像の数は三五九に及び、それは、それぞれの部族が祀っていたものとされる。

ムハンマドが偶像を破壊したのは、神によって偶像崇拝が禁じられているからである。ただ、コーランにそうした記述があるわけではない。根拠を求めるとするなら、旧約聖書の「出エジプト記」に記されているモーセの十戒において偶像を造ることが戒められている部分が、それに該当するものと思われる。イスラム教の立場では、十戒を授けた神は、自分たちが信仰するアッラーにほかならないからである。

しかし、むしろ、ムハンマドがカーバ神殿の偶像を破壊した行為が、イスラム教において、偶像崇拝が禁止される根拠になっているようにも思われる。ムハンマドは、キリスト教のイエス・キリストとは異なり、あくまで人間だが、その行為は、イスラム教を信じる人々の模範として理解されている。ムハンマドが偶像を破壊したのであれば、イスラム教徒は偶像を信仰の対象にしてはならないということになってくるのだ。

ムハンマドに求められた「調停者」という役割

ただし、そのときのムハンマドは、神によって偶像崇拝が禁じられていたから、それを破壊したのではなく、多様に存在する部族の信仰対象であったがゆえに、それをすべて破壊したのではないだろうか。個々の部族が、それぞれに神を祀っているのであれば、全体は統一も統合もされない。それは、部族同士の対立を許すことになってしまう。

しかも、ムハンマドがメッカに入る前、メディナに拠点をおくことができたのは、平和をもたらす調停者として期待されたからだとされる。平和を乱していたのが部族同士の対立抗争であったのだとしたら、ムハンマドはそれに終止符を打たなければならなかったことになる。

部族、あるいは、父系の系譜集団が対立し、抗争をくり返していれば、平和は訪れない。イスラム教が出現する以前の時代は、「無道時代（ジャーヒリーヤ）」と呼ばれるが、そうしたことばが存在するのも、イスラム教があらわれ、唯一絶対の神への信仰が広まることによって、はじめて平和がもたらされたという認識があったからだろう。

イスラム教誕生の社会的必然性

そのように見ていくと、イスラム教が誕生した背景には、アラブ社会における部族同士の対立と抗争があり、そうした事態から抜け出すためには、それぞれの部族が独自の神を信仰するのではなく、共通の神を信仰することが求められたと考えることができる。

もちろん、ムハンマドが神のメッセージを伝える預言者となったという出来事は、個人的な体験になるわけだが、周囲の社会が、全体を統合する神の出現を求めていたという背景が存在しなければ、ムハンマドの得た啓示が神のことばとして受け入れられることはなかったであろう。その点で、イスラム教の出現には社会的な必然性があったことになる。

ただ、唯一絶対の神への信仰が説かれたとしても、すぐにそれがアラブ社会全体に広まったわけではない。唯一の神を信仰するには、部族の神を捨てなければならない。そこで、イスラム教が誕生した初期の時代においては、ムハンマドを中心としたイスラム教の勢力と、それに反抗する勢力とのあいだで戦いがくり広げられた。それが、仏教やキリスト教の拡大と性格を異にするものであることについては、前章でふれた。

部族の統合が目的である以上、イスラム教を信仰する集団が少数のままにとどまってはならなかった。それでは、目的が達成されない。目的を達成するには、アラブの社会全体が共通の信仰をもつようになる必要があった。

しかも、イスラム教が広がったところにおいては、その地域に属する人間たちが、すべてイスラム教に改宗しなければならなかった。前章で見たように、異教徒でも、税を納めれば、改宗することは求められなかったが、それが許されるのは、厳密に言えば、イスラム教徒と同じ神を信仰するユダヤ教徒やキリスト教徒に限られ、彼らは、「啓典の民」と呼ばれた。偶像を崇拝する部族の信仰が許されたわけではない。それも、社会全体の統合を実現するには、礼拝の対象を同じくする共通の信仰が行き渡っていなければならなかったからである。

　これに関連して、イスラム教の聖典であるコーランの第九章は、岩波文庫版では、「改悛」と題されているが、その第五節には、「多神教徒は見つけ次第、殺してしまうがよい。ひっ捉え、追い込み、いたるところに伏兵を置いて待伏せよ」ということばが出てくる。

　最新の学問的な成果を反映して刊行された『日亜対訳クルアーン』（中田考監修、作品社）においては、この第九章は「悔悟《かいご》」と題されているが、そちらでは、同じ箇所が、「多神教徒たちを見出し次第殺し、捕らえ、包囲し、あらゆる道で彼らを待ちうけよ」と訳されている。

　イスラム国（ＩＳ）が行ってきたこと、あるいは、九・一一以降のテロ事件のことを考えてみると、それはまるでここに示されたことがそのまま実行されたかのようにも思えてくる。

　コーランのそれぞれの章の冒頭では、ほとんどの場合、「慈悲ふかく慈愛あまねきアッラーの御名において……」（作品社版では、「慈悲あまねく慈悲深き」と訳されている）と、アッラーがいかに慈悲深い存在であることが強調されている。ところが、この第九章だけは、この文句が欠けている（ただ、岩波文庫版では、この章の冒頭にも、「慈悲ふかく……」のことばが添えられている）。

　なぜ、第九章でだけアッラーの慈悲が強調されていないのか。作品社版では、「不信仰者との絶縁と宣戦布告であるため慈悲の言葉が添えられないためとも」されると述べられている。

この部分だけをとりあげてみるならば、アッラーは、イスラム教を信仰するムスリムたちに対して、自らを信仰の対象としない多神教徒を皆殺しにするよう命じていることになる。それは、まさに多神教徒にほかならない私たち日本人からすれば、ひどく恐ろしいことである。

多神教徒を殺せと神は命じた

それぞれの宗教においては、聖典が定められ、そこにはその宗教特有の教えが記されている。仏教の場合には、膨大な数の仏典が存在し、その成立は、開祖である釈迦が亡くなったとされる時代からかなり時間が経ってからであるが、すべて「如是我聞」という形ではじまり、釈迦の説法を記したものという形式がとられている。

キリスト教の場合には、聖書が聖典になるわけで、それは、ユダヤ教とも共通する「旧約聖書」（ユダヤ教ではトーラー）と、キリスト教に独特な「新約聖書」からなっている。作品社版の『日亜対訳クルアーン』では、監修者の中田考が、聖書とコーランとの比較を行っているが、「旧約聖書」では、⑴神の言葉、⑵預言者の言葉、⑶預言者に関する聖書記者の編集句の三層構造を有していることが指摘されている。

それに対して、「新約聖書」については、その冒頭に、イエス・キリストの言行録である「福音書」が収められているが、それは、福音書記者を書き手とする伝聞資料をもとにしたイエス伝であり、イエスの言葉を口述筆記したものではないことが指摘されている。

後のキリスト教会においては、三位一体の教義にもとづいて、イエスは神と等しい存在と見なされていくので、「福音書」に示されたイエスの言葉を神の言葉と等しいものと考えることもできる。しかし、「福音書」のなかで、イエス（＝神）の言葉の占める割合は小さく、大半は福音書記者の言葉である。

中田は、そうした事態を踏まえ、コーランが、「預言者ムハンマドただ一人が授かった神の啓示の書である」点を強調する。ムハンマド自身がコーランを書き記したわけではないが、ムハンマドからコーランを聞いた直弟子たちが、ムハンマドの死後一五年ほど経った時点で、それを書物化している。そして、コーランでは、それを書き記した者の編集句も、ムハンマド自身の言葉も排除され、「預言者ムハンマドが授かった神の言葉のみから成り立っている」というのである。

つまり、多神教徒を見つけ次第殺せということばは、神が直接発したものだということになる。しかも、それは、神のことばを授かったムハンマドの死後間もない時期に文字化されており、ムハンマドが伝えていたことがほぼそのままコーランに収められていることになる。後世の潤色の可能性はほとんど考えられないのである。

同時に与えられた「赦し」

では、多神教徒を殺すことは、イスラム教の教義であり、信者はそれに従わなければならないのだろうか。それが問題になってくる。

「多神教徒は見つけ次第、殺してしまうがよい」の部分だけを取り出すならば、たしかにそれが神のことばである以上、その神を信仰するムスリムが従わなければならない教えであることになる。

ただ、単純にそう言い切れないのは、このことばには前段があるからである。

岩波文庫版では、「だが、（四ヵ月の）神聖月があけたなら」ということばが、その前についている。作品社版では、「それで諸聖月が過ぎたら」がついている。

神聖月について、岩波文庫版では、注がつけられていて、「いわゆる『神聖月』。この期間は宗教的行事に当てられるのであって、どんなに激しく対立している敵同士でも、一時和平協定を結ぶ」と述べられている。作品社版でも、ズー・アル＝ヒッジャ（一二月一〇日）からはじまる、あるいはズー・アル＝カアダ（一一月）からはじまる四ヵ月の諸聖月の間は、「戦争も仇討ちも禁じられた」と述べられている。

さらに、後の部分には、岩波文庫版では、「しかし、もし彼らが改悛し、礼拝の務めを果たし、喜捨もよろこんで出すようなら、その時は遁《のが》がしてやるがよい。まことにアッラーはよくお赦しになる情深い御神におわします」と述べられている。作品社版では、「だが、もし彼らが悔いて戻り、礼拝を遵守し、浄財を払うなら、彼らの道を空けよ。まことにアッラーはよく赦し給う慈悲深い御方」とある。

岩波文庫版で全体を引用するならば、「だが、（四ヶ月の）神聖月があけたなら、多神教徒は見つけ次第、殺してしまうがよい。ひっ捉え、追い込み、いたるところに伏兵を置いて待伏せよ。しかし、もし彼らが改悛し、礼拝の務めを果たし、喜捨もよろこんで出すようなら、その時は遁がしてやるがよい。まことにアッラーはよくお赦しになる情深い御神におわします」となっているのである。

こうした前後の部分があることを考えるならば、アッラーは、イスラム教徒に対して、いついかなる場合にも多神教徒の殺害を命じているわけではないことになる。

アッラーは、休戦状態におかれる四ヵ月の神聖月のあいだ、多神教徒たちが、イスラム教の勢力が支配している地域のなかを自由に往来することを許している。それは、多神教徒たちが、イスラム教勢力の及ばない地域に逃れることも許容していることになる。

しかも、多神教徒が改悛し、イスラム教徒のつとめである礼拝や喜捨をするならば、殺したりせず、自由に活動することを許すよう命じてもいる。

さらに、これに続く第六節では、「またもし誰か多神教徒がお前に保護を求めて来たら、保護を与えておいてアッラーの御言葉を聞かせ、それから安全な場所に送り届けてやるがよい。仕方がない、なにも知らない者どものなのだから」（岩波文庫版）とある。これは、イスラム教の教えがまだ多神教徒のあいだに十分には伝わっていない当時の事態を前提としたものである。

歴史的・社会的文脈の中で神のことばを理解する

ここには、神のことばというものをどのようにとらえるかという問題がかかわっている。神のことばは絶対的なものとはされているが、それが発せられた文脈があり、ある特定の時に、それはムハンマドに伝えられたものであることは間違いない。その文脈を考慮しなければ、神が本当に何を伝えようとしているかを理解することはできない。そう考えることもできる。

イスラム教が、部族が対立していたアラブの社会を統合し、そこに平和をもたらすものとして機能するには、その社会に生きる人間がすべてイスラム教に改宗しなければならない。その地域のなかに、異なる神を信仰する多神教徒が含まれていれば、彼らと信頼関係を結ぶことは難しい。実際、第九章のこれに続く部分では、多神教徒と盟約や条約を結ぶことの難しさについて述べられている。

そのように考えると、多神教徒の殺害を促す神のことばは、あくまで、それが発せられた状況、歴史的な文脈が関係するものであり、つねに無条件にイスラム教徒が従わなければならないものではないということになる。

カーラ・パワーというアメリカ人の女性ジャーナリストが、モハンマド・アクラム・ナドウィーというイギリス在住のイスラム学者についてコーランを学んだ記録である『コーランには本当は何が書かれていたか?』(秋山淑子訳、文藝春秋)でも、アクラムは、コーランの初期の章句では、神はムハンマドに戦いを自制するよう呼びかけているものが多いことを指摘した上で、多神教徒の殺害を命じる神のメッセージが、ムハンマドの軍隊が少数で圧倒的多数の敵に相対したときに発せられたものであることに注意を促している。

しかし、ことばというものは、それが一旦発せられれば、時間の経過とともに、当初の文脈からはどんどんと離れていってしまう。ついには文脈は忘れられ、それが具体的に何を意味していたのか、詳しい事実は理解されなくなっていく。そのため、多神教徒を殺せという部分だけがことさら取り上げられ、それこそが神のことばであると見なされるようになっていく。昨今の事態は、それを証明しているわけである。

イスラム教の本質的性格

ただ、ここで私たちが考えなければならないのは、イスラム教というものの本質的な性格についてである。イスラム教は、キリスト教や仏教とともに、世界の三大宗教の一つとされ、世界中に多くの信徒を抱えているわけだが、すでに前章でもふれたように、その成立のプロセスは仏教やキリスト教とはかなり異なっている。

考えてみるならば、イスラム教という宗教は、仏教やキリスト教と比較した場合、驚くほど単純であるという側面をもっている。

実は、その点が十分に認識されていないがために、イスラム教を理解することが難しいと言われる面がある。それも、イスラム教があまりにシンプルで、仏教やキリスト教のような複雑な側面をもっていないからでもあるのだ。また、そのことは、今問題にしている神のことばをどのようにとらえるかということにも関連していくことになる。

信仰の基本「六信五行」

イスラム教において信仰の基本とされているのが、「六信五行《ろくしんごぎょう》」と呼ばれるものである。

六信の方は、信仰の対象ということであり、それは、アッラー、天使、啓典、預言者、来世、予定からなっている。このなかの、予定は定命《じょうみょう》とも訳されるが、すべてこの世界で起こる出来事は神によって定められている、予定されているという意味である。ムスリムであるからには、この六つの事柄を信じていなければならない。

一方、五行の方は、信仰活動を意味し、ムスリムが何をしなければならないかを定めたものである。五行には、信仰告白、礼拝（サラート）、喜捨（ザカート）、断食（サウム）、巡礼（ハッジ）が含まれる。

信仰告白は、前章でふれたように、イスラム教に改宗しようとする人間が「アッラーの他に神はない。ムハンマドはアッラーの使徒である」と唱えるものである。

礼拝は、一日五回行われ、夜明け前から始まり、日の出から「アスル」と呼ばれる影が自らの身長と同じになるまで、そのアスルから日没まで、日没から日のなくなるまで、そして夜にそれぞれ行われる。

喜捨は、豊かな者が貧しい者に対して施しをする行為を意味する。これは、イスラム教に限らず、他の宗教においても一般的に勧められている行為である。

イスラム教に特有なのは、礼拝とともに、断食と巡礼であり、一年に一度めぐってくる断食月と巡礼月において、ムスリムは断食を行い、メッカへの巡礼を果たすことになる。

断食の方は、ムスリムが一年に一度果たさなければならないこととされ、日の出から日没まで、食事をとらないことはもちろん、水も飲まないことになる。厳しくとらえれば、唾も飲み込まないことになっている。

巡礼の方は、何度も行われるものではなく、一生に一度果たすべきものとされており、メッカへの巡礼を果たした人間は「ハッジ」と呼ばれて、周囲からの尊敬を集めるようになる。

ただ、巡礼の希望者は多く、現在では国によって、その年に巡礼できる人間の数が制限されていたりするので、ムスリムなら誰でも巡礼を果たせるわけではない。巡礼月に巡礼ができるのは、二五〇〇万人程度に制限されており、それは、イスラム教徒の総数である一六億人の六四〇分の一にすぎない。

その点では、巡礼は、選ばれた者だけができる特別な行為ということになる。その分、巡礼を果たすことができた人間の喜びは大きいと推測されるが、一般のムスリムが行うことは、一日五回の礼拝と、巡礼月における巡礼、そして、喜捨である。

前章で、ヒジュラ（聖遷）についてふれたが、断食は、その道中における苦難を追体験するために行われるものとされている。完全に食を断つわけではないし、また、早く始めたり、長く続けることはまったく奨励されていない。その点で、日本人が考える苦行としての断食とは性格が異なっている。

何より、日没後は、食べることが許されているので、その間に、食べられなかった分を補おうとして、夜食には豪華な食事が並び、宴会のような状態になる。さらに、断食月が明けたときにイド・アル＝フィトルという祭が行われるので、断食自体が祝祭の性格を併せ持っている。

しかも、断食が続く間は、当然ながら社会生活は停滞することになる。礼拝にしても、それは昼日中、仕事を中断して行われることもあるわけで、一種の息抜き、リフレッシュになっている側面もある。

イスラム教と言うと、豚肉を食べてはならないとか、酒は飲んではならないとか、戒律が厳しいというイメージがつきまとっている。たしかに、コーランには食物規定があり、食べてよいものと食べてはならないものが区別されている。それには長い伝統があり、人々のあいだに定着している。

日本人は、豚肉を好んで食べるので、それが食べられないのは苦しく、厳しいことだと考えてしまう。だが、イスラム教が広がった地域の人々は、豚は汚いと考えており、それを食べようなどとはまるで考えていない。日本人のほとんどが犬を食用にはしないのと同じで、中国や朝鮮半島では、食用の犬も存在している。

「戒律」とは

ここで一つ重要になってくるのが、「戒律」の問題である。辞書を引いてみると、戒律とは、「一般に、宗教における生活規律」(『広辞苑』)であるとされている。

ただここで重要なことは、戒律が「戒」と「律」とに分けられ、それぞれ別の意味が与えられている点である。戒とは、「自律的に規律を守ろうとする心のはたらき」とされ、律の方は、「他律的な規則」とされている。

ここで、戒と律が、自律的と他律的という形で区別されているのは、戒の方は、本人がそれを守るかどうかを自発的に決めるものであるのに対して、律の方は、集団の規律として強制される側面をもっているからである。

仏教においては、在家の信者と出家者は区別されている。仏教の代表的な戒である「五戒」は、殺生《せっしょう》などを戒めたもので、それは在家の信者にも出家者にも共通するものである。ところが、在家の信者が律を守ることを強いられることはない。

それに対して、出家者の場合には、僧伽《そうぎゃ》という集団に所属することになる。僧伽は組織であり、その組織を維持していくために、そこに属している人間に対しては、律が課せられる。律の場合には、集団の規律であり、それを破ることは、集団の秩序を脅かすことになるので、罰が下されることになるわけである。

私たちは、戒も律も同じことだと考えてしまい、一括して戒律としてとらえようとする。だが、戒と律とは性格が異なるもので、それはイスラム教における戒律にも共通して言えることである。

イスラム教の場合、一般に戒律とされている事柄は、すべて戒であり、律ではない。したがって、断食を行っている際に、食べ物を食べてしまっても、それで罰せられるわけではない。礼拝を行わなくても、それで処罰されるわけではない。国によっては、礼拝を強制するようなところもあり、その場合には罰が伴うが、それは直接イスラム教の教えから来るものではない。原則的に、イスラム教には、律はなく、すべては戒であり、罰則は伴わないのである。

ではなぜ、イスラム教においては律にあたるものが存在しないのだろうか。それは、組織というものが存在しないからである。

イスラム教は組織をもたない

一般に、宗教においては、教団という形の組織が存在する。日本の仏教では、宗派が教団の形態をとり、出家した僧侶は、その教団に所属する形をとっている。各寺院も、それぞれが一つの組織を形作っていて、檀家がそのメンバーになっている。神道でも、崇敬会《すうけいかい》のような組織があり、そこに属している氏子《うじこ》が神社の運営に参画している。キリスト教の場合でも、教会ごとにメンバーシップが確立されていて、それぞれの信者は特定の教会に所属している。

イスラム教の場合にも、モスクという宗教施設がある。そこに礼拝に来る信者たちは、一見すると、そのモスクに所属しているかのように思える。

ところが、モスクはあくまで礼拝所であり、たまたま近くにいるムスリムが礼拝に来るというだけで、それぞれの人間は特定のモスクに所属するという形態にはなっていない。

そもそもイスラム教には、一般の宗教の教団に当たるものがない。イスラム教世界における組織化された集団としては、エジプトのムスリム同胞団があげられるが、これは例外的なものである。しかも、現在ではエジプト政府から弾圧を受け、ムスリム同胞団は危機的な状況に追い込まれている。

イスラム教には、二大宗派としてスンナ派（スンニ派）とシーア派があり、シーア派はさらに細かな派に細分されているが、これらは学派としての性格が強く、それぞれの派が教団を組織しているというわけではない。

日本人なら、江戸時代の寺請制度の名残でもあるが、仏教徒としての自覚をもつ人間は、必ずどこかの宗派に所属している。葬式も、その宗派の僧侶に依頼し、それは宗派の定める形式にのっとって営まれる。

ところが、どのムスリムも、自分がスンナ派とシーア派のどちらかに属しているという自覚はあっても、それは、組織に所属していることを意味しない。組織が存在しなければ、集団の規律である律に縛られることはない。

豚を食べてはならないという戒律について、日本人は、それを罰則を伴う律として考えがちである。だが、教団のような組織の存在しないイスラム教では、そもそも律は存在しようがなく、すべては自発的な戒めである。そのために、たとえ豚肉を食べたとしても、それで罰せられることはないのである。

戒律を実行するかどうかは個人に任せられる

「多神教徒は見つけ次第、殺してしまうがよい」というコーランのことばにしても、それを実行しなければ、罰せられるというわけではない。それを実行するかしないかは、個々のムスリムに任されている。その点では、それは教義であるとはいえ、強制力をもたないものなのである。

ほとんどのムスリムは、多神教徒と出会ったとしても、相手を殺すことはない。もし、それを実行するなら、日本を訪れたムスリムは、次々と多神教徒である日本人を殺害していくことになってしまう。これまで、そうした出来事は起こっていない。

ただ、逆のことも言える。

教義として示されたことの実行が個人に任されているのであれば、あるムスリムが、「多神教徒は見つけ次第、殺してしまうがよい」という神のことばを、自らに対して向けられたメッセージとして受け取り、それを実行に移すことを自らの使命としてとらえるようになる可能性はいつでも存在する。教団という組織が存在しない以上、そうした行為を規制する方法もない。

教団組織が存在せず、教義を実行するかどうかは個人に任されているという点では、イスラム教は極めて規制の緩い宗教である。

だが、規制が緩いがゆえに、個人の受け取り方、解釈によって、教義をどのようにとらえるかは大きく変わってくる。前後の前提や条件を無視し、「多神教徒は見つけ次第、殺してしまうがよい」の部分だけを取り出し、それをムスリムとしての自己の義務としてとらえ、実行に移すことも可能なのである。

「神のことば」であるがゆえの危険さ

ここにはかなり難しい問題が横たわっている。

現在の時点においてもそうだが、イスラム教が生まれ、その勢力を拡大し、イスラム帝国が生まれた時点で、多神教徒を殺せと命じる神のことばは、ほとんどその意味を失っていた。しかも、このことばは、その後に続く箇所に示されているように、礼拝を行い、喜捨をするようであれば、殺害の対象にはしないという保証も含んでいる。

しかし、それが神のことばである以上、人間の側の都合でなかったことにはできない。また、コーランから削除することもできない。そのことばは、イスラム教という宗教が続く限り、永遠に残り続けるのである。

そうなると、ムスリムのなかに、このことばに意義を見出し、それを実行に移そうとする人間があらわれる可能性は排除できない。何らかのインスピレーションを得て、それこそが神が自分に命じたことだと理解する人間があらわれたとしたら、それを止めることは難しい。そこには歴史的な文脈があり、今ではそれは有効ではないと反論したとしても、当人がそれに耳を傾けなければ、その行為を押し止めることはできないのだ。

イスラム国（IS）の人間たちは、このことばを神のメッセージと解釈し、次々と虐殺を行ってきたのかもしれない。それは、他のテロリストについても言える。九・一一の実行犯が、どういった心理にもとづいてハイジャックした旅客機で世界貿易センタービルなどに突っ込んでいったのか、その点は分からないが、あるいは、そのリーダーとなったアタは、コーランのこのことばを自らの使命と感じたのかもしれない。

イスラム教全体が危険であるとみなされがちな理由

イスラム教の場合には、教団という組織が存在しないため、テロを実行した人間は、特定の教団などに属しているととらえることができない。彼らが特定の教団に属しているのなら、問題はその教団にあるのだと言うこともできる。

だが、教団が存在しないために、テロの実行犯を特定の教団の人間としてとらえることができず、その結果、イスラム教徒であるという側面が強調されることになる。それによって、イスラム教こそが危険な宗教であるというイメージが拡大していくことになるのである。

オウム真理教の場合で考えていくならば、彼らは、自分たちは仏教徒であると称していた。それに対して、既成仏教の教団などは、彼らは仏教徒ではないと主張することができた。それも、サリンを撒くなど、残虐な行為に及んだのが、オウム真理教という特定の教団に所属しているメンバーであったためで、もし、彼らが、どの教団にも属していないで、仏教の教義にもとづいてテロ行為に及んだとすれば、仏教そのものの暴力性が問われることになったはずである。

神への絶対的服従

イスラム教は、半面では、随分と融通の利く宗教である。そこには組織による規制が伴わないからである。

しかし、その一方で、神のことばは永遠に改めることができず、その点ではまったく融通が利かない。

それも、イスラム教においては、神が絶対的で至高の存在としてとらえられ、人間との間には無限の距離があると考えられているからである。それは、人は神の前には平等であるという平等思想を生み出すことになるが、同時に、神に対する絶対的な服従を要求することにもなっていくのである。

ただ、イスラム法学において、コーランやハディースのことばをどう解釈していくのかという問題があり、その点では解釈を変更することによって、対処の仕方を事実上変えていくという道は存在している。実際今のイスラム法は、そうした解釈の積み重ねによって現在の形をとっている。そこにイスラム教の柔軟性を見ることもできるのである。

次の章では、神の絶対性の問題について見ていくことにする。

第4章

原理主義の背後にある神の絶対性

「原理主義」ということばの広がり

「原理主義」ということばがある。最近では、イスラム教原理主義という形で、イスラム教における過激な宗教思想、ないしは政治思想のことをさして使われることが多い。

その一方で、経済学の世界では、市場原理主義ということばも使われるようになってきた。それはとくに、二〇〇八年九月に起こった「リーマン・ショック」の際に頻繁に使われた。アメリカの投資銀行であり、証券会社であったリーマン・ブラザーズの破綻をきっかけに起こった金融危機は、経済市場の調整機能に対して絶対の信頼をおき、その機能を妨げるおそれのあるさまざまな規制を撤廃しようとする市場原理主義によるものだとされたのである。

その点で、二一世紀に入ると、宗教の世界においても、経済の世界においても、原理主義ということに大きな注目が集まったことになる。

だが、原理主義ということばが使われるようになったのは、それほど昔からのことではない。市場原理主義ということばを最初に使いはじめたのは、ユダヤ人の著名な投資家、ジョージ・ソロスであるとされる。ソロスは、原著が一九九八年に刊行された『グローバル資本主義の危機――「開かれた社会」を求めて』（大原進訳、日本経済新聞社）のなかで、このことばを使っている。ソロスは、一九世紀において、「自由放任主義（laissez-faire）」と呼ばれたものが、今日では市場原理主義と呼ばれるようになったとしている。

市場原理主義ということばが生まれたのは、宗教の世界において原理主義と呼ばれる動きが台頭したことが影響している。だが、市場の調整機能は万全であるという主張の背後には、市場には「神の見えざる手」が働いているとする見方がある。

神の見えざる手の強調は、経済学の父と言われるアダム・スミスからはじまるとされているが、その根底には、神を全能の存在としてとらえるキリスト教の世界観がある。その点では、市場原理主義は、たんなる経済に対する見方、思想ではなく、特定の宗教観の表明であると見ることができる（なお、スミスが実際には神の見えざる手という表現を使っていないことについては、拙著『金融恐慌とユダヤ・キリスト教』文春新書で論じた）。

原理主義は、fundamentalism の訳語である。今日では、fundamentalism の訳語としてもっぱら原理主義が用いられるが、以前はむしろ「根本主義」という訳語が用いられることの方が多かった。最近では逆に、根本主義が用いられることは少ない。ほとんどないと言ってもいい。

私が宗教学という学問を学びはじめたのは、一九七〇年代のはじめのことである。その時代に、私の大学の恩師たちが編集委員となって編纂された宗教学の辞典に、『宗教学辞典』（小口偉一・堀一郎監修、東京大学出版会）があるが、その辞典を繙いてみても、原理主義ということばはまったく出てこない。

当時の宗教学の世界では、現代の社会では宗教の影響力が著しく衰えることが指摘され、それは「世俗化」としてとらえられていた。当然、この世俗化についての項目は『宗教学辞典』のなかに見出せるのだが、原理主義も根本主義も項目として立てられていない。事項索引を引いても、出てこないのである。

わずかに、それに関連するのが「根本仏教」ということばである。根本仏教も項目としては立てられていないが、「仏教」の項目のなかに登場する。そこでは、日本の宗教学の草分けの一人である姉崎正治の著作『根本仏教』があげられ、そこでは、パーリ語の仏典を通して釈迦の直接の教えを発掘しようとする試みであると説明されている。根本仏教は、英訳すれば、fundamental Buddhism である。

ここで言う根本とは、開祖の説いた教えそのもののことをさしている。仏教の場合には、その後大乗仏教という流れが生まれ、数々の大乗仏典が編纂されていった。大乗仏典は、釈迦が亡くなってから相当の年月が経ってから作られたもので、そこには、釈迦の直接の教えなどまったく含まれていない。根本仏教の主張は、パーリ語仏典を通して、釈迦が実際に説いた教えに立ち返らなければならないとするものである。

はじまりはキリスト教から

こうした根本仏教の試みと比較した場合、今日使われる原理主義ということばは、意味内容にかなりの違いがある。イスラム教原理主義と言った場合には、イスラム教の教えに徹底的に忠実であろうとするがゆえに、他の信仰を認めない過激な思想のことをさす。二一世紀になってとくに頻発する数々のテロ行為の背景には、こうしたイスラム教原理主義の主張があると見なされてきた。

しかし、原理主義ということばは、最初にイスラム教に対して使われたわけではない。最初に使われたのは、キリスト教においてである。したがって、イスラム教原理主義ではなく、キリスト教原理主義の方が、ことばとしてははるかに古い。要は、聖書の教えに対して徹底して忠実であろうとするのがキリスト教原理主義である。

こうしたキリスト教原理主義が台頭してくる背景には、近代に入って、キリスト教の世界に合理主義の波が押し寄せたということがあった。そうした合理主義の信仰を支えたのが、「自由主義神学」と呼ばれるものである。自由主義神学は、聖書に書かれていることは、必ずしも歴史上の事実ではなく、神話や伝説として理解すべきものであり、進化論などの科学的な知見を否定しないとする主張を展開した。

これは、近代社会において台頭した科学主義とキリスト教の信仰とを両立させようとする試みだが、そうした方向性が強く打ち出されるようになると、同時にそれに反発する動きも生まれた。それがキリスト教原理主義の流れを生むことにつながる。キリスト教原理主義においては、聖書に記されていることに誤りはないとして、その無謬性が強調された。処女降誕やイエス・キリストの復活と再臨といったことについても、科学的にはあり得ないことなので、事実ではないと否定するのではなく、誤りのない真理として受け入れようとするわけである。

アメリカ社会での福音主義の台頭

とくにこうした形で聖書の無謬性を強調したのが、アメリカの福音派である。キリスト教原理主義という言い方は他称であり、そうした傾向をもつキリスト教徒は福音派を自称する。最近では、「反知性主義」ということが言われるようになるが、このことばがアメリカで使われるようになったとき、主にそれが指し示していたのが、この福音派のことであった(アメリカにおける福音派の信仰については、森本あんり『反知性主義――アメリカが生んだ「熱病」の正体』新潮選書を参照)。

福音派では、聖書に対して文字どおりに忠実であろうとして、この世界は神によって創造されたものであることを前提とする。それは、科学的な知見にもとづく進化論を否定することにつながる。福音派では、そうした信仰にもとづいて、公立学校において進化論が教えられることを批判し、神による創造を前提とした「創造科学」を教えるべきだと主張する。

また福音派は、旧約聖書の「創世記」のなかに、神のことばとして、「産めよ、増えよ、地に満ちて地を従わせよ」ということばがあることから、人工妊娠中絶はその教えに背くとして、それに反対する。こうした福音派の信仰をもつのは主に白人であり、地域としては中西部に多い。

アメリカでは、国家が創建された経緯からしても、信教の自由ということが極めて重視されており、子どもに学校で進化論の授業を受けさせたくないと考えれば、自宅で親が勉強を教える「自宅学習」を選択することもできる。自宅学習者のうち、宗教上の理由をあげるケースが七〇パーセントに達しているとも言われる。それは、福音派である。

ただ、こうした福音派が、自分たちの信仰を守るために、子どもに自宅学習をさせていたとしても、それはアメリカの教育制度のなかで認められていることであり、それ自体が社会的な問題に発展することはない。

しかし、一九八〇年に共和党のロナルド・レーガンが大統領に選出されたときには、福音派の支持によるところが大きかったと言われた。それは、次のジョージ・H・W・ブッシュや、その子どもであるジョージ・W・ブッシュが大統領になったときにも指摘されたことで、福音派は共和党の大統領を誕生させることに大きく貢献したと見なされたのである。

このように、福音派が政治的な力を発揮したことによって、俄然、キリスト教原理主義に対する注目が集まることとなったのだ。

イスラム教が政治の表舞台に

レーガンが前職の民主党の大統領、ジミー・カーターを破って大統領に就任した際に、その選挙結果に重大な影響を与えたのが、イランにおいて起こったアメリカ大使館人質事件であった。この事件は長期化し、人質が解放されるまでに四四四日もかかった。それによって、カーター大統領は無力さを露呈することになり、それがレーガン大統領を生むことにつながったのだった。

注目されるのは、そのイランで起こった出来事である。イランでは長くパフラヴィー朝国王のモハンマド・レザー・パフラヴィー国王が君臨し、アメリカを中心とした欧米諸国からの支援を受け、欧米寄りの政策をとってきた。

ところが、そうした支配に対する反発が強まり、一九七九年一月には、イスラム教シーア派の法学者であるルーホッラー・ホメイニーを指導者とする革命が勃発し、国王は国を追われた。これが、イランにおける「イスラム革命」になるわけだが、アメリカ大使館の人質事件が起こったのは、国外に遁げた国王を、最終的にアメリカが受け入れたからだった。

ホメイニーは、法学者の統治論を主張しており、革命後は、自らが終身の最高指導者の地位につき、イスラム教の信仰にもとづくイランでの国造りを進めた。このイランにおけるイスラム革命の影響は大きく、イスラム教の世界では、それによってイスラム教復興の動きが加速された。それまでは時代遅れの古い宗教と見なされてきたイスラム教は、一気に現代史の舞台において重要な役割を演じることになったのだ。

そこから、ホメイニーやそれに影響を受けたイスラム教復興の試みは、イスラム教原理主義と呼ばれるようになっていく。世俗化や西欧化を否定し、イスラム教の教えに忠実であろうとしたからである。それは、アメリカで、キリスト教原理主義が政治の舞台で台頭することと密接に関連していたわけで、一挙に、宗教の世界における原理主義への注目が集まったのである。

宗教間の対立のはじまり

一つの宗教において、原理主義が台頭すると、それは、宗教同士の対立へと発展していく可能性が高くなる。国全体が一つの宗教によって統合されているのであれば、対立は起こらないが、それは希なことで、一つの国のなかに複数の宗教が並立していることが一般的である。それぞれの宗教には、派というものもあり、派が違うことによって、対立が起こることもある。

ある国において、一つの宗教が原理主義の傾向を強め、自分たちの信仰を絶対視して、他の信仰を否定するようになれば、当然そこには対立が起こる。

たとえば、インドはヒンドゥー教の国だが、イスラム教も浸透しており、その勢力が拡大したことから、パキスタンやバングラデシュが独立することになった。それによって、インド国内のイスラム教徒の数は減ったが、それでもかなりの数が国内に残ったことで、それは宗教間の対立を生む原因ともなった。そうなると、ヒンドゥー教原理主義ということが言われるようになり、それがイスラム教原理主義と対立する局面が生まれていったのである。

イスラム教に強く見られる「原理主義」の傾向

このようにして、一九八〇年前後から、キリスト教原理主義やイスラム教原理主義といったことばが広く使われるようになり、さらにはそれが、ヒンドゥー教原理主義や仏教原理主義の台頭に結びついた。スリランカでは、仏教原理主義者がイスラム教原理主義者と武力衝突したと言われた。こうしたことが起こったことから、原理主義ということが、現代宗教における重要事項と見なされるようになっていった。もし、今の時代に『宗教学辞典』の改訂がなされるとしたら、原理主義の項目が設けられるのはもちろん、そこには相当なスペースがとられることになるはずである。

ただ、同じ原理主義ということばを使ったとしても、宗教によってその内容は異なってくる。キリスト教原理主義の場合には、すでに述べたように、聖書無謬主義をとる福音派の信仰をさすわけで、その立場をとるのは一部の宗派であるということになる。現在のアメリカでは、

「クリスチャン」ということばが使われるが、それは、一般のアメリカ人が、福音派の原理主義者をさして使われるものである。私たち日本人の感覚では、アメリカ人全体がクリスチャンであるように見えるが、とくに信仰に対して熱心な人間たちが、クリスチャンと呼ばれて区別されているのである。

イスラム教原理主義の場合も、とくに原理主義者と呼ばれるのは、過激な行動に出る人間たちであることが多い。その点では、キリスト教原理主義の場合とも共通するが、一方で、イスラム教自体に原理主義の傾向が強いという側面がある。極端に言えば、原理主義ではないイスラム教は存在し得ないとも言えるのだ。

「シャリーア」とは何か

イスラム教の原理については前章でも述べたが、それをより深く理解するためには、「シャリーア」、イスラム法について知る必要がある。

イスラム教では、預言者ムハンマドに下された神のメッセージを集めたコーランが聖典として定められているが、もう一つ、第2章でもふれたが、預言者ムハンマドの言行録であるハディースも聖典と見なされている。ハディースには、ムハンマドがどういった行いをしたかが示されているが、それがイスラム教徒が従うべき模範と見なされているのである。

こうしたコーランとハディースに記されたことをもとにして作り上げられた法の体系が、シャリーアである。シャリーアは、神によって定められた法であり、ムスリムが遵守すべき社会規範と見なされている。イスラム教が広まった国では、このシャリーアをもとに世俗の法律が定められていたりする。

基本的に、イスラム教徒は、このシャリーアにもとづいて生活をしていかなければならない。その点で、イスラム教徒は、聖典を絶対視し、そこに示された法に忠実であろうとするわけだから、誰もがイスラム教原理主義者であるということにもなってくる。原理主義者ではないイスラム教徒というのは、本来、存在しないのである。

その点で、ことさらイスラム教について原理主義ということを強調すること自体に意味がないとも言えるが、ヒンドゥー教原理主義や仏教原理主義ともなると、ヒンドゥー教や仏教を信奉し、他の信仰を認めない集団ということであり、必ずしもそれぞれの宗教の聖典を絶対の規範としているわけではない。そうなると、同じ原理主義ということばが使われたとしても、そのあり方は、宗教によって大きく異なるのである。

そうした問題はあるにしても、とくにキリスト教原理主義者やイスラム教原理主義者には、神を絶対の存在としてとらえる傾向が強く、神の定めたことに対しては徹底して忠実であろうとする。それは、私たち日本人の神とのかかわり方とは根本的に異なっているのである。

民族によって違う「神とのかかわり方」

神という存在は、あらゆる国、あらゆる民族に見られるものである。逆に、神を信仰の対象としないような国や民族は、今のところ見出されていない。無神論の立場をとったソ連や中華人民共和国においても、宗教は抑圧や弾圧の対象になったものの、共産主義政権は神への信仰を一掃することはできなかった。ソ連が解体した後のロシアでは、ロシア正教が依然として力をもっていたことが明らかになった。現在の中国においても、キリスト教の信仰が広まっており、中国共産党もそれを容認しなければならない状況に立ち至っている。すでに述べたように、中国人の八パーセントがキリスト教に改宗しているとも言われる。

日本の場合にも、そのはじまりの時点から神への信仰は存在しており、それは神道という形をとって現在にまで受け継がれてきている。日本には「八百万《やおよろず》の神」という言い方があり、数多くの神を祀っているという点で、多神教を特徴としていると言われてきた。

日本の神々については、『古事記』や『日本書紀』といった奈良時代に編纂された神話のなかに登場するが、そこに出てくる神々の数は、八百万という言い方に比べれば、決して多くはない。全体で三〇〇をわずかに超えるくらいである。

しかし、その後、次々と新しい神々が祀られるようになり、そのなかには、八幡神や天神、稲荷神のように、記紀神話には登場しない有力な神々も多く含まれる。日本では、誰がどういった神を祀ろうと自由であり、人が死後に神として祀られる場合もある。織田信長や豊臣秀吉、徳川家康は神として祀られたし、近代に入っても、明治神宮や乃木神社などが創建された。靖国神社では、戦没者をすべて神として祀っており、その数は二五〇万近くにのぼっている。次々と新たな神が祀られるようになることで、日本には多神教の世界がくり広げられるようになったわけである。

一神教は不寛容か

多神教は、中国やインドにも見られるし、世界中の多くの国で見出されるものだが、一方で、一神教の世界も存在している。それが、ユダヤ教、キリスト教、イスラム教である。キリスト教とイスラム教が、ユダヤ教に発しており、共通性があることから、この三つの宗教は、「セム的一神教」とも呼ばれる。セムは、旧約聖書の「創世記」に登場するノアの息子の一人で、「信仰の父」とも呼ばれるアブラハムの父である。アブラハムが信仰した神が、三つの宗教に共通する神であるとされるため、セム的一神教という言い方がされるようになったわけである。

一般に、多神教と一神教は対立するものとしてとらえられる。日本では、とくに多神教の傾向が強いために、多くの神を同時に祀る多神教は信仰に対して寛容な傾向を示すのに対して、一神教は、唯一絶対の創造神に対する信仰を強調するので、他の信仰を認めず、不寛容な姿勢を示すとされることが少なくない。同時多発テロが起こったときもそうだが、一神教の世界でテロが頻発するようになると、寛容さの面で多神教の方が優っているという議論が高まっていく傾向がある。

たしかに、多神教と一神教では、その宗教世界は大きく異なっている。しかも、多神教と一神教は相いれない。それは、前章でイスラム教の成立についてふれたところからも明らかである。一神教は、基本的に、多神教を否定するところに成立したものである。

それに関連するが、一神教の側からすれば、多神教の方がよほど対立を生むという解釈もできる。異なる神を信仰している勢力は、とかく対立した関係に陥りやすい。ところが、多くの人間が唯一つの神を信仰しているならば、そこでは信仰上の対立は生まれないはずである。

その点では、多神教と一神教のどちらが宗教的に寛容で、対立を生まないかということについてはさまざまな解釈ができるわけだが、たんに神の数に注目するのではなく、私たちは、多神教と一神教の本質的な違いというところに目を向ける必要がある。

多神教と一神教の本質的な違いとは

多神教の代表として、日本の神道について考えるならば、一つ大きな特徴としては、それぞれの神が基本的に特定の場所とかかわりをもっていることがあげられる。その点は、神々が皆、神社に祀られているところに示されている。

たとえば、天照大神《あまてらすのおおみかみ》は、皇室の祖先神、皇祖神とされているが、それが祀られているのは、伊勢神宮の内宮においてである。神道には、「勧請」という方法があり、一つの神が分霊されて、そのまま別の神社で祀られるようになる。そのため、天照大神を祀る神社は、伊勢神宮に限らず、全国に存在する。戦前においては、日本の植民地に建てられた神社では、多く天照大神が祀られていた。植民地ということではないが、日本からの移民が多いハワイでは、ハワイ大神宮が創建されており、その祭神も天照大神である。

他の神々の場合にも同様で、必ずどこかにある神社に祀られている。八幡神なら、宇佐《うさ》神宮をはじめとする全国の八幡宮、八幡神社に祀られ、天神は、やはり全国の天満宮、天神社に祀られている。

したがって、私たちが神に祈りを捧げようとする場合には、必ず、どこかの神社に出向き、拝殿やその前で祈りを捧げることになる。神社が遠くにある場合、遥拝所《ようはいじょ》を設けて、そこで祈ることもあるが、それもその対象となる神社の方角に対して行われる。

これは、一神教の世界ではあり得ないことである。一神教の信者が神に祈りを捧げようとする場合、ユダヤ教のシナゴーグ、キリスト教の教会、イスラム教のモスクに出向くことはある。しかし、それは主に集団で礼拝する機会においてか、特別な儀式に与《あずか》るためであり、そうした施設におもむかなくても、神に祈りを捧げることはできる。

それも、シナゴーグや教会、そしてモスクに神が祀られているわけではないからである。ヨーロッパにあるカトリックの教会の場合、中世からの伝統で、聖人の遺骨、「聖遺骨」を祀っているところが多い。教会は、聖遺骨を祀るための聖堂として建てられた場合がほとんどだからである。

この聖人という存在は、殉教したり、死後にさまざまな奇跡を引き起こした人物が、ローマ教会によって認定されるもので、奇跡という利益《りやく》を与えてくれる点では、日本の八百万の神々に近いとも言える。だが、キリスト教において決定的な重要性をもつ神はただ一つとされ、聖人は決して神とは見なされていない。唯一絶対の創造神が、特定の教会にだけ祀られることはあり得ないのである。

イスラム教のモスクの場合には、その壁には、礼拝の対象となるメッカの方角であるキブラを示すものとして、ミフラーブと呼ばれる窪みが作られている。その点で、モスクは、神社、ないしはその遙拝所に近いとも言えるが、メッカにあるカーバ神殿は、「キスワ」と呼ばれる黒い布で覆われているものの、その内部には何もない。ムハンマドは、そこに祀られていた三五九の神像をすべて破壊したとされている。ただ一つ、黒石が神殿の東隅に据えられており、それは、イスラム教誕生以前に遡るものだが、それも神の御神体であるというわけではない。それも、神が遍在すると考えられているからである。遍在するということは、特定の場所に縛られないということであり、あらゆる空間にあるということを意味する。一神教の信者がどんな場所においても神に祈ることができるのも、それが遍在するものだからである。

一神教における遍在する神と、日本の神道に見られる特定の場所、神社に祀られた神というあり方は、根本的に異なるものである。

神社はいつから存在したのか

実は、神社という形態がいつから存在するのか、それは必ずしも明らかになっていない。

伊勢神宮の場合、これはよく知られているように、現在では二〇年ごとに遷宮が行われ、それまでの社殿は壊され、新しい社殿が建てられる。これは「式年遷宮《しきねんせんぐう》」と呼ばれるものだが、その制度は、天武天皇の在位一四年（六八五年）に定められ、その妻でもある持統天皇の同四年（六九〇年）に内宮の遷宮が行われ、続いて同六年に外宮の遷宮が行われたとされている。

しかし、このことは、『日本書紀』には出てこない。それについてはじめて述べているのは、一一世紀後半までに成立したと考えられる伊勢神宮の記録、『太神宮諸雑事記《だいじんぐうしょぞうじき》』である。したがって、本当に式年遷宮が持統天皇の時代にはじまったのかどうか、必ずしもそれは明らかではない。

現存する神社建築でもっとも古いものは、京都の宇治、平等院とは宇治川を隔てて対岸にある宇治上神社である。そこの本殿は、国宝にも指定されており、覆屋のなかには、三棟の社が建っている。この社は、康平三（一〇六〇）年頃に建てられたものとされ、現存する神社建築としてはもっとも古いものである。

最古の神社建築が一一世紀後半にまでしか遡らないということは、それ以前の時代に、果たして神社に社殿が存在したのかどうか、それさえ疑わしいということになる。

たとえば、京都の亀岡には丹波国一宮である出雲大神宮がある。ここは、戦前まで出雲神社と称していた。当時、出雲大社の方は杵築大社《きづきたいしゃ》を名乗っていたので、出雲神社と言えば、こちらをさしていた。

この出雲大神宮に社殿が建てられたのは、社伝では、和銅二（七〇九）年のこととされている。ただし、この神社については、「出雲神社牓示図《ぼうじず》」という鎌倉時代、一二世紀の絵が伝わっていて、それを見ると、山の下には鳥居が建っているものの、それだけで、社殿にあたるようなものはいっさい描かれていない。

この絵からだけでは断定できないが、かつての出雲神社は、御神体としての山などを祀るもので、社殿が建っていなかった可能性が考えられる。それは他の神社についても言える。神社の最古の形態を保つとされる奈良の大神神社《おおみわじんじゃ》には現在でも本殿がなく、三輪山が御神体となっているところにも、その可能性が示唆されている。

さらに、大神神社の場合もそうだし、出雲大神宮の場合もそうなのだが、山が御神体となる以前には、その山の中にある大きな岩、磐座《いわくら》が信仰の対象になり、そこで祭事が行われていた。祭事を行う際には、磐座のところに臨時に祭壇が設けられ、それが終わると祭壇は撤去されたものと思われる。

神社の社殿が建てられれば、神はそこに封じ込められたような形にもなる。ただ、祭事には、招魂という神を呼び寄せる部分が含まれており、神はそのつど天上の世界から地上に降りてくる。しかし、そうした神社の社殿にしても、磐座にしても、神はそこにしかあらわれないわけで、その出現の場所は限定されている。

したがって、私たち日本人は、日常の暮らしのなかで、神の存在を意識することが少ない。家に神棚があれば、そこで祈ることにもなるが、神棚の場合も場所的に限定されている。家のどこでも、あるいは戸外で、何の対象物もなしに祈ることはほとんどない。その分、神の世界と人間の世界とは明確に区別されていると言えるのだ。

一神教において絶対的存在である神

これに対して、神が遍在する一神教の世界においては、神はどこにでもいるわけで、人の暮らしはそのすべてが神と関係づけられる。したがって、人は、いつでも、どこでも、神に対して祈りを捧げることができる。キリスト教徒は十字を切るだけで神に祈りを捧げることができるし、イスラム教徒は一日五回の礼拝をどこででも行うことができる。

神が遍在するということは、つねに神の存在は意識されているわけで、人の暮らしは神と無関係には成立しない。神は、人の暮らしを見守り、それを守ってくれる。だがそれは、日々神に縛られた生活を送っているということでもある。

多神教と一神教とを対比させて考えたとき、この点での違いが大きい。それこそが決定的な差異であるとも言える。

この章の前半で述べた原理主義ということが成り立つのも、このことが関係する。原理主義においては、キリスト教の場合も、イスラム教の場合も、神の定めたこと、神の法に人は従わなければならないとされている。神は絶対の権威であり、その神が定めた法も絶対の規律なのである。

キリスト教原理主義やイスラム教原理主義が台頭するなかで、それに対抗する形でヒンドゥー教原理主義や仏教原理主義と呼ばれる運動も生まれたが、多神教に基盤をおくような原理主義は、その宗教を絶対視し、他の宗教をすべて排斥するという点では、キリスト教やイスラム教の原理主義に似ているものの、究極の原理としての神が不在であり、神の定めた法に人が全面的に従わなければならないというわけではない。その点では、同じ原理主義ということばが使われても、一神教の原理主義と多神教の原理主義は、その性格がかなり異なっている。

一神教の神は創造神であり、人間を作り出した存在である。人間を作り出したものである以上、人間が神の意向にそわない方向にむかえば、容赦なく罰を下す。「創世記」にあるバベルの塔やノアの方舟の話は、まさにその典型である。多神教の神々には、人類社会に壊滅的な打撃を与える力は与えられていない。

前章では、コーランのなかにある、多神教徒を殺害せよと命じる神のメッセージについて問題にした。それは、決して無条件で多神教徒の殺害を命じたものではない。しかも、イスラム教では、それを実践するかどうかは、個人に任されているのである。

だが、神がそうしたメッセージを発し、信者がそれに影響されるという事態は、一神教では起こり得ることでも、多神教ではあり得ない。一つの神が絶対的な権力を振るうわけではなく、そもそもどの神々も絶対の存在とは考えられていないからである。

日本にはキリスト教徒がいるし、イスラム教徒も少数ながらいる。本来なら、彼らは神の遍在を信じているはずだが、果たして日本にいて、その感覚を持つことはできるのだろうか。それはかなり難しいことに思われる。日本にキリスト教がそれほど広まらなかったのも、この遍在する神という感覚が成立しなかったからではないだろうか。

「再誕」という経験

もちろん、キリスト教やイスラム教が広まった地域に住む人々が、皆、神の存在をつねに感じているというわけではないだろう。

だが、ある精神的な変化を経験することによって、神の実在を強く感じるようになることはあり得る。実際、そうした経験をした人々は少なくない。キリスト教の福音派の場合には、大規模な集会を開き、そこで人間がいかに罪深い存在であるかを強調することによって、そこに集まった人々に信仰を自覚させていく。その出来事は、「再誕《さいたん》」(born again)と呼ばれる。これを経験した人間が、現在のアメリカでは、すでに述べたように、とくにクリスチャンと呼ばれるわけである。

イスラム教においては、洗礼などの入信儀礼が未発達であるため、こうした再誕の体験は本来あり得ないものである。

しかし、同時多発テロのモハメド・アタや、他のテロリストの場合には、人生のある時点で、この再誕に近い体験をしているように見える。それまで、信仰に熱心ではなかった人間が、信仰に目覚め、熱心にモスクに通ったり、礼拝を欠かさず行うように変わっていくのである。

その点では、原理主義の背景には、この再誕の体験があるということになる。それは、一神教という宗教のあり方と密接に結びついている。神がこの世界を創造したという認識に達したとき、その人間の世界は変わるのである。

第5章

神による殺戮と終末論の呪縛

神が直接手を下すとき

ここまで述べてきたなかで、殺戮ということばを使ったとき、その殺戮の主体となるのは、あくまで人間であった。たとえ殺戮が、神によって命じられたものであったとしても、実際の行為に及ぶのは人間である。人間が、宗教の名において、あるいは神の名において、異教徒や敵対する人間を殺すのである。

しかし、殺戮の宗教史という主題を考えていくなかで、私たちがどうしてもふれなければならないのは、神による殺戮の問題である。それは、神が人間に対して殺戮を命じ、それを人が実行するのとは異なる。なにしろ、実際に殺戮を行うのは神そのものだからである。

第3章で詳しく見ていったように、コーランには、イスラム教徒に対して多神教徒の殺戮を命じたことばを見出すことができる。そのことばをどのように解釈するかについては、イスラム教の根本的な原理に遡らなければできないわけだが、現代のテロリストが、このコーランのことばに飛びつき、そこからテロという行為を正当化している可能性は考えられる。

だが、コーランにおいては、神が直接手を下し、異教徒や不信心な者を殺害するような話は出てこない。コーランにも、聖書と同様に、最後の審判のことが出てきて、それがいつ訪れるかを知っているのはアッラーだけだとされる。けれども、その最後の審判は、すでに起こったこととしてではなく、未来の出来事として語られているだけである。

これに対して、イスラム教がとくに強く影響を受けたユダヤ教においては、最後の審判ということは説かれていない。最後の審判が訪れることを説いているのは、ユダヤ教のなかから生み出されたキリスト教である。イスラム教は、最後の審判という観念については、ユダヤ教ではなく、キリスト教から影響を受けたことになる。

イスラム教には固有名詞の神の名はない

イスラム教は、ユダヤ教やキリスト教に比べると後発の宗教である。コーランを繙いてみると、そこには古代イスラエルの指導者であるモーセが登場する。モーセは、「ムーサー」と呼ばれている。また、イエス・キリストも登場し、「イーサー」と呼ばれており、そのイエスは、「マルヤム」と呼ばれるマリアが処女懐胎して産んだものだともされている。

ここには、イスラム教が、その成立において、いかにユダヤ教やキリスト教から影響を受けたかが示されているが、何より重要な点は、神の共通性である。これについては、第4章でもふれた。

まず、アッラーというのは、神の名を示す固有名詞ではなく、アラビア語で神を意味する普通名詞である。したがって、日本でよく使われる「アッラーの神」という表現は、「神の神」ということになってしまい、本来は成り立たないのだ。

なお、イスラム教においては、固有名詞が発達しておらず、コーランの場合も、読誦という普通名詞である。もし、神に特定の名前があるとすれば、他にも別の神が存在する可能性が生まれ、神の絶対性や普遍性が損なわれることになってしまう。アッラーが固有名詞として表現されないのも、そうしたことが関係している。

コーランのなかでは、アッラーは敬虔なイブラーヒームが信仰した神であるとされている。このイブラーヒームとは、旧約聖書の「創世記」に登場するアブラハムのことである。アブラハムの父はテラである。テラの先祖に遡ると、ノアの息子のセムに行き着く。アブラハムは、サラという妻を娶るが、長い間、二人は子どもに恵まれなかった。ようやく、イサクという息子を授かるが、そのとき、アブラハムは一〇〇歳になっていた。

二人は、息子の誕生を大いに喜ぶ。だが、神はアブラハムに対して、イサクを犠牲として捧げるように求めてくる。それは、相当に理不尽な要求であるはずだが、敬虔な信仰をもつアブラハムは、少しも躊躇《ためら》うことなく、神の命令に従い、息子を犠牲にしようとする。このことを確かめた神は、アブラハムの信仰が揺るぎないものであることを確認し、そこでアブラハムを止め、イサクを解放した。

この敬虔なアブラハムが信仰した神こそがアッラーであるというのがイスラム教の基本的な立場である。したがって、これはあくまでイスラム教の立場からするとということになるが、ユダヤ教で信仰される神も、キリスト教で信仰される神も、そしてイスラム教で信仰される神も、実は同じ神であり、決して別の神ではないということになる。

だからといって、このイスラム教における認識が、ユダヤ教やキリスト教においても共有されているかは定かではない。なにしろ、ユダヤ教やキリスト教はイスラム教の成立以前に生まれているからである。ユダヤ教徒が、自分たちの信仰するエホバとアッラーは同じであると考えているのか、あるいは、キリスト教徒が父なる神をアッラーとして考えているかは、かなり微妙な問題である。

ただし、ユダヤ教、キリスト教、イスラム教を、「セム的一神教」ととらえる学問的な立場もあり、この三つの一神教が性格的にかなり類似していることは広く認められている。

そのため、イスラム教では、ユダヤ教徒やキリスト教徒については、多神教徒とは明確に区別されており、同じ神を信仰する仲間であると認識されてきた。

イスラム教の場合には、第4章でも述べたように、イスラム法であるシャリーアが決定的に重視されている。シャリーアのもともとの意味は「水場へいたる道」ということである。キリスト教では、このイスラム法にあたるような、宗教の領域にも、世俗の領域にもともに適用されるような法の観念は発達していない。だが、ユダヤ教においては、ハラハーと呼ばれるユダヤ法が確立されており、イスラム教は法を重視するということで、ユダヤ教に範を求めたことになる。

ただ、宗教という概念は近代に生まれたものであり、イスラム教が誕生した時代にはまだ存在しなかった。その点で、それぞれの教えの体系を異なるものとして認識するということ自体がなかったとも言える。

ユダヤ教における聖典がトーラーである。ユダヤ人はヘブライ語を用いるが、トーラーは、ヘブライ語で教えを意味している。これもまた固有名詞ではなく、普通名詞であり、そこにもユダヤ教とイスラム教の共通性が示されている。

このトーラーは、キリスト教の旧約聖書においては、最初の五つの文書を構成する「モーセ五書」に相当する。モーセ五書には、「創世記」をはじめ、「出エジプト記」、「レビ記」、「民数記」、「申命記」が含まれている。これがなぜモーセ五書と呼ばれるかと言えば、すべてモーセが書いたという伝承が存在したからである。もちろん、現在ではその点は否定されているし、そもそもモーセの実在も疑われている。

ユダヤ教の神の存在は絶大

神による殺戮が描かれているのが、トーラーの巻頭を飾る「創世記」においてである。この「創世記」の編纂がはじまったのは紀元前八世紀頃のこととされる。

「創世記」はもちろん、トーラー全体が、ユダヤ人の神話であり、決して実際にユダヤ人が経てきた歴史について述べたものではない。その点で、「創世記」をどうとらえるかということからして大きな問題になってくるが、物語のなかでは、神のもつ絶大な力ということがクローズアップされており、ユダヤの人々が自分たちの信仰する神をどのような存在としてとらえていたのかを知ることはできる。

「創世記」に示された神は、その冒頭において、天地を創造した創造神の役割を担い、アダムとエバという最初の人間の創造にもかかわっている。創造神である以上、それ以外に神はない。それは間違いなく唯一絶対の神であり、アッラーがそうであるように、人間の運命を左右する力をもつものとして描き出されている。

その点は、アブラハムに対して、やっとさずかった子のイサクを犠牲に供するよう要求したところに示されている。神は、アブラハムの信仰を試したわけだが、アブラハムに対しては、なぜそうした無茶な要求をするのか、その理由を明かしてはいなかった。アブラハムが、何の抵抗も示さずに、また、少しも不満を表に出さず、言われるままにイサクを犠牲としようとしたのを確認し、やっと犠牲を中止させている。

もし、アブラハムが、子どもを犠牲にすることを拒んだとしたら、そのとき神はどうしたのだろうか。

その点について、「創世記」には何も語られていないが、神は、信仰が深いと見込んでいたアブラハムが自らに逆らったことに深く失望し、イサクの命はもちろん、アブラハム自身の命を奪ってしまったのではないだろうか。神が、自らの要求が拒まれたことをそのまま放置したとは思えない。それも、人間が自分の意志に逆らったことが分かると、神は相当に暴力的な手段に訴える話が、「創世記」の前の部分に出てくるからである。

それが、ノアについての物語である。

「創世記」に描かれた神の非道さ

「創世記」では、神による天地創造の物語が語られた後、アダムとエバの創造へと話が進んでいく。ところが、この人類最初のカップルは、蛇に誘惑され、神の命令に背いて、食べてはならないとされた木の実を食べてしまう。これによって、二人は永遠の楽園であったはずのエデンを追放され、死と労働とを運命づけられることになる。

キリスト教において、これは後に「原罪」と呼ばれるようになり、とくにカトリック教会においては、人間が神による救いを求めなければならない根本的な原因としてとらえられるようになる。

しかも、アダムとエバが産んだ子のカインは、嫉妬から弟のアベルを殺害してしまう。カインもまた、その父や母と同じように、住んでいた場所から追放されてしまう。

　このカインの系譜が、現在の人類につながるものであるとすれば、人類は殺人者の血を受け継ぐ者であることになってしまうが、さすがに「創世記」では、そのような話にはなっていない。

　アダムは、別の妻をめとり、二人のあいだにはセトが生まれる。そのセトの系譜の上にノアが位置づけられるわけで、ノアは、五〇〇歳になったときに、セム、ハム、ヤフェトという子どもを儲けたとされている。

「創世記」のはじめの部分に登場する人類の始祖たちは、皆、八〇〇歳や九〇〇歳までの長寿を享受したとされている。そのため、地上には人が増え始めたので、神は、人間の寿命を一二〇歳と定める。

　ところが、ここでも人類は神の期待を大きく裏切る。「創世記」では、「主は、地上に人の悪が増し、常に悪いことばかりを心に思い計っているのを御覧になって、地上に人を造ったことを後悔し、心を痛められた」とある。そして、「わたしは人を創造したが、これを地上からぬぐい去ろう。人だけでなく、家畜も這うものも空の鳥も。わたしはこれらを造ったことを後悔する」と述べられている。

　ここには、神の深い絶望が示されている。だが、そのなかにあって、ノアだけが「神に従う無垢な人であった」とされる。そこで神は、ノアに対して、巨大な箱船を造り、その箱船には、ノアとその妻子、そして嫁たちを乗せるように命じた。さらに神は、他の生き物たちをすべてつがいで箱船に乗せるようにも命じたのである。

その後、神は四〇日四〇夜、地上に雨を降らせ、大洪水を引き起こす。それによって、地上はすっかり水によって覆われ、その結果、「地上で動いていた肉なるものはすべて、鳥も家畜も獣も地に群がり這うものも人も、ことごとく息絶えた」のだった。

「創世記」の物語においては、神に従うノアとその家族、そして選ばれた動物たちが大洪水を生き延びたことに焦点が絞られており、大洪水によって滅び去った者たちについては、今見たように簡単に述べられているだけである。

そのため、実際に神が行ったことが大量の殺戮であるにもかかわらず、凄惨なものだという印象を受けることはない。だが、神の振る舞いは殺される側からしてみれば、非道なものである。

神と人類の複雑な関係

大洪水によって、人類が抹消される物語は、「洪水伝説」と呼ばれ、ユダヤ民族以外にもさまざまな民族において語り継がれている。そこには、有史以前に実際に起こった大洪水の記憶が刻みつけられているという解釈もあるが、一般には、悪を戒める物語としてとらえられている。

『人類の宗教の歴史――9大潮流の誕生・本質・将来』（今枝由郎訳、トランスビュー）の著者であるフレデリック・ルノワールは、ノアの物語が、古いメソポタミアの物語とぴったりと符合していることを指摘している。とくにそれは、ギルガメシュ叙事詩の第11の歌と細部まで一致しているというのだ。

ギルガメシュ叙事詩の完本は、紀元前六五〇年頃のニネヴェにあったアッシュル・バニパル王の図書館で発見されたが、それは、紀元前一三〇〇年に遡る「超賢の詩」の翻刻である。

さらに、ルノワールが、メソポタミアからの影響を指摘しているのが、バベルの塔の物語である。

洪水がおさまった後、ノアの息子たちからは次々と子どもが生まれ、その子孫が各地の民族の元を造っていく。ただ、そのときに人類は、洪水以前と同じようなことをくり返してしまう。それが、天まで届くことを目的とした塔のある町の建設である。それは、人が神に近づくことであり、不遜な振る舞いということになる。

これを知った神は地上に降り、「彼らは一つの民で、皆一つの言葉を話しているから、このようなことをし始めたのだ」と考え、人々の使っていることばをばらばらにして、お互いに意思を通じることができなくしてしまう。それによって、町の建設は中止される。ルノワールは、バベルの塔が、メソポタミアの高層寺院、ジブラットから発想を得ていることを指摘している。

こうした「創世記」に描かれた神と人との関係は複雑である。神は人間を創造したわけだが、常に人間は、創造主である神を裏切ってしまう。裏切られたとき、神は、純粋な信仰をもつ人間だけを生き残らせ、後はすべてを殺戮の対象にする。神は創造に失敗しているとも言える。

さらに複雑なのは、純粋な信仰を持つ人間の子孫たちも、途中から曲がってしまい、やはり神の意志に反する行動をとってしまうことである。これによって、殺戮、ないしは破壊がくり返されることになる。

キリスト教の「十戒」と仏教の「五戒」の共通点と違い

そうしたことを踏まえてのことであろう。「創世記」に続く「出エジプト記」においては、神が、ユダヤ人の指導者であるモーセに対して、「十戒」を下す場面が出てくる。

この十戒は、「あなたには、わたしをおいてほかに神があってはならない」にはじまり、「あなたはいかなる像も造ってはならない」、「安息日を心に留め、これを聖別せよ」、「あなたの父母を敬え」、「殺してはならない」、「姦淫してはならない」、「盗んではならない」、「隣人に関して偽証してはならない」、「隣人の家を欲してはならない」と続いていく。

仏教にも「五戒」という基本的な戒律があり、それは、この十戒とかなり似ている。「殺してはならない」、「姦淫してはならない」、「盗んではならない」、「隣人に関して偽証してはならない」は、それぞれ五戒の不殺生戒、不邪淫戒、不偸盗戒、不妄語戒に相当する。五戒にあって十戒に含まれないのは、飲酒を戒めた不飲酒戒だけである。

その点からすると、五戒と十戒で共通する戒律は、人類に普遍的なものと考えることができる。だが、十戒の場合には、唯一の神を信仰の対象とすることと、偶像を造ることが禁じられており、そこに一神教の特徴を見出すことができる。これは、キリスト教やイスラム教にも受け継がれたことであり、その点では、セム的一神教の大きな特徴である。

これについて、偶像崇拝を禁じた部分には、神がそれを命じる理由に通じることが述べられている。現在日本で広く用いられている新共同訳では、その部分は、「上は天にあり、下は地にあり、また地の下の水の中にある、いかなるものの形も造ってはならない。あなたはそれらに向かってひれ伏したり、それらに仕えたりしてはならない。わたしは主、あなたの神。わたしは熱情の神である。私を否む者には、父祖の罪を子孫に三代、四代までも問うが、わたしを愛し、わたしの戒めを守る者には、幾千代にも及ぶ慈しみを与える」と訳されている。

ここでの神は、自分を拒む者と、自分の与えた戒律を守る者とを区別し、前者に対してはその罪を問うが、後者に対しては、永遠に愛することを誓っている。ここに示された神の愛には、条件が付けられているわけである。

人類全体を滅ぼしうる一神教の神

一つ、その意味が分かりにくいのが、このなかに出てくる「熱情の神」という表現である。たしかに、末代までも罪を問い、自分を愛してくれる者に対しては、永遠の愛を与えるというのは、神の熱情にもとづくことなのかもしれない。だが、表現として必ずしもしっくりとはこないように思える。

これが、明治時代に翻訳され、現在では、『文語訳・旧約聖書』と呼ばれている聖書では、今引用したところの後半の部分は、「汝の神は嫉む神なれば我を悪む者にむかひては父の罪を子にむくいて三四代におよぼし我を愛しわが誡命を守る者には恩恵をほどこして千代にいたるなり」と訳されている。

ここから旧約聖書に登場する神エホバは、「嫉む神」と呼ばれることが多く、それこそが旧約聖書の神観の本質的な特徴であるとされてきた。そして旧約聖書の神は、新約聖書の「愛の神」と対比されてきたのである。

嫉むと言ったとき、それは、一般には他人との比較の上で起こることである。その点では、唯一絶対の存在であるところの神が嫉むということは、本来ならあり得ないことのはずである。だからこそ、新共同訳では、嫉むではなく、熱情という訳語が用いられているのだろうが、そうなると意味は曖昧になる。少なくとも、嫉む神という表現が示している苛烈さは失われてしまう。人々の堕落を見て、大洪水を起こし、人類全体を殺戮する神に対しては、熱情の神よりも、嫉む神という表現の方がふさわしいように思えるのである。

多神教の世界において、嫉む神が存在してたとしても、それは数多く存在する神々のなかでのことで、絶対的な力をもっているわけではないので、その嫉みから人類全体を殺戮することなどはあり得ない。

しかし、一神教の神は、人類全体の創造神である。人類を創造した神であるなら、逆に、人類全体を破滅させることもあり得る。少なくとも、その力を有していても不思議ではない。そのことを、ノアの物語は示している。そして、アダムとエバや、カインとアベルの物語には、神に背いた者に対して、神が厳しい罰を下すことが示されているのだ。

前章で、一神教の世界においては、神が遍在していることについてふれた。神は、私たち人間が生活している場の外側にいるわけではない。私たちの生活全体が神によって包みこまれており、そのなかに生きる者は、つねに神の存在を感じている。

その一神教の神は、人間が逆らえば、大量殺戮という鉄槌をいつでも下す構えを示している。それがどのようなものであるかは、まさに「創世記」の物語に記されているわけで、その物語は、神の本質がいかなるものであるかを人間に教えているのである。

「絶対神」の観念を生んだユダヤ人の苦難の歴史

ユダヤの人々のあいだに、こうした神についての観念が生み出されてくるにあたっては、歴史的な経緯というものが大きく影響していた。

紀元前五八六年、新バビロニアの王ネブカドネザル二世によって、エルサレムが侵略され、神殿も破壊された上に、ユダヤ人の支配者層は、バビロニアに連行された。これが、「バビロン捕囚」と呼ばれる出来事である。

この捕囚は、五〇年間にわたって続くものの、アケメネス朝ペルシアによって新バビロニアが滅亡したことで、ユダヤ人たちは、エルサレムに帰還し、神殿の再建も許された。さらには、城壁を建設し、その内部でのエルサレムの自治も承認された。

それと前後して、律法に精通していたエズラという祭司が、バビロニアから、「モーセのトーラー」をもたらし、それを集会で読み聞かせた。すると、ユダヤの人々は、国を失い、神殿を破壊されたのは、自分たちが神に背いたためだと考え、悔い改めたとされる。これによって、神に対する契約の証として安息日と割礼を重視するようになった。割礼のことは、モーセの十戒のなかには出てこないが、「創世記」には、アブラハムが九九歳で割礼を受けたという記述がある（ユダヤ人の歴史については、市川裕『ユダヤ教の歴史』山川出版社を参照）。

ここで言われるモーセのトーラーが、現在のトーラーのことを指し示しているのかどうかは必ずしも明確ではないが、それに近いものが朗読されたということだろう。これについては、「ネヘミヤ記」8章1節に記事がある。

天地創造のことをはじめ、「創世記」に記されていることは、すべて神話であり、歴史上の事実とは言えない。モーセについての物語は、「出エジプト記」に記されているが、これも神話である。アメリカの福音派のように、聖書に記されていることはすべて事実であるとする立場もあるが、その主張の正当性を証明することは不可能である。

問題は、そうした神話が、なぜ作り上げられてきたのか、何のために語られるようになったかである。日本の神話の場合にも、そこには、王朝の正統性を保証する目的があったとも考えられている。

もちろんのこと、神話は想像力の産物であり、そのすべてを政治的な目的をもって記されたものと見ることはできない。だが、ユダヤの社会が、神殿の破壊や捕囚といった厳しい出来事を経てきたことは事実に近いものと考えられ、そうした体験が、旧約聖書に反映されている可能性は十分に考えられる。

神による殺戮が語られるのも、人が神に逆らうことの重大さを自覚し、それを民族の間で共有するためだと考えられる。もし、自分たちがこれ以上、神に背くとすれば、とんでもなく恐ろしい事態を覚悟しなければならない。現実に、神殿の破壊や捕囚といった根本的な危機を経験したユダヤの人々は、神に背いたことに、そうした悲劇の原因を求め、それによって危機を乗り越える手立てを見出そうとしたのである。

生まれた終末論

しかし、そうした動機はあったとしても、いったん確立された、嫉む神、人類を容赦なく殺戮する神というイメージは、神観念の根底にこびりつき、神の恐ろしさの強調ということに結びついていった。そこに生まれたのが、「終末論」である。

第4章で、原理主義との関連で一九七三年に刊行された日本で唯一の宗教学の辞典、『宗教学辞典』について言及したが、この辞典において、終末論は、「終末観」という項目のなかで扱われている。

この項目の執筆者となった宇野光雄は、終末観を「個人的終末観」と「集合的終末観」に分けて論じており、前者は、個人の死の後に赴くとされる来世に関係するものとしてとらえられている。

ここで問題にする終末論は、そうした個人的終末観に関連するものではなく、後者の集合的終末観に関連するものである。宇野は、それについて、「個人的終末観を内にふくみつつさらにこれを超えて全人類と世界の終末の運命に関する観念で、世界の最終的破局と復興、全人類の復活、世界審判と罰、世界期間（千年説＝ミレニアム）等々の観念が、これにふくまれる」としている。

宇野も述べているように、こうした終末についての考え方は、あらゆる民族において見られるものである。

そのような指摘を行うと、では、日本にはそうした終末論が存在するのかという疑問が浮上してくるかもしれないが、仏教の説く「末法思想」は、一神教の世界における終末論とは大きくその内容を異にするものの、末法という正しい仏法が伝わらなくなった時代の到来を予告する点で、一神教の終末論と似た部分をもっている。ただし、宇野は『宗教学辞典』で、この末法思想についてては言及していない。

宇野が、集合的終末観として主にふれているのは、ユダヤ教やキリスト教における終末についての考え方であり、さらにはそれに影響を与えたイランのゾロアスター教の終末観についてである。

ゾロアスター教は、現在でもイランやインドにその信者を抱えているが、それほど大きな勢力にはなっておらず、注目されることは少ない。日本では、「拝火教」として知られ、神聖な火に対する信仰を有しているという形で認識されている程度である。

だが、ゾロアスター教が、ユダヤ教やキリスト教に多大な影響を与えたことは事実であり、とくにその点に着目したのが、世界的な宗教学者のミルチア・エリアーデであった。エリアーデは、晩年に世界の宗教史を包括的に扱った『世界宗教史』(ちくま学芸文庫)の執筆を行うが、そのなかでも、イラン宗教の重要性を強調していた。エリアーデは、イランにおいて生み出された宗教観念として、「多くの二元論的体系の区分(宇宙論的、倫理的、宗教的二元論)、救世主の神話、洗練された『楽天的』終末論、善の究極的勝利と宇宙の救済の宣言、死者の復活の教義など」をあげている(第2巻)。

善悪二元論はイラン宗教の影響

このなかで、善と悪とが根源的に対立するととらえる二元論は、たしかにイラン宗教の特徴であり、それは、ゾロアスター教とともにイランを代表する宗教であるマニ教においてとくに顕著に見られる事柄である。マニ教は、紀元三世紀に生まれた宗教で、キリスト教よりも新しいが、現在では消滅しており、私たちはその痕跡しかたどることができない。

しかし、古代の世界においては、マニ教はかなりの広がりを見せ、キリスト教とはライバル関係にあった。たとえば、カトリックの世界において最大の教父とされるアウグスティヌスは、キリスト教に改宗する前にマニ教の信者になっていた。それを反映し、アウグスティヌスの神学的な営みは、マニ教の説く善悪二元論をいかに克服し、神の絶対性を確立するかにあった。

そうしたアウグスティヌスの試みがあったにもかかわらず、キリスト教の世界から善悪二元論が一掃されることはなく、むしろそれは、キリスト教の内部に深く染み透っていったのだが、その点については、次の章で述べることになる。

ここでは、宇野が指摘しているように、「世界期間・世界の大火災・人類の復活・世界審判・義人の住む新しき天と地」などの、イラン宗教に見られた観念がユダヤ・キリスト教の終末観に多大な影響を与えたということだけに注目しておきたい。

旧約聖書の預言者の書に見る終末論

旧約聖書の後半の部分には、「イザヤ書」をはじめとして、「エレミヤ書」、「エゼキエル書」、「ダニエル書」、「ホセア書」などユダヤ教の預言者の名を冠した文書が収められている。こうした文書は、それぞれの預言者に対して神が下したことばを記したものである。その点では、イスラム教のコーランに近い。実際、イスラム教では、旧約聖書のこうした文書ついても神のことばであると認めている。

預言者が活動したのは、バビロン捕囚以前の紀元前九世紀半ばからのこととされるが、前掲の『ユダヤ教の歴史』において、市川裕は、ユダヤ人の国家である古代イスラエルにおいては、王権や祭祀権からは独立する形で、「神と直接に交流する預言者という身分が強固な伝統を形成し」ていたとし、イスラエルの人々は、「預言者への信仰をとおして、王権を超えた神の法の存在を認め」ていたと述べている。預言者は、誰もが、イスラエルがたびたび強国の侵略を受け、征服されたのは、そこに生活する人々のあいだに神に対する背信行為があったからだと警告し、信仰を自覚して、改悛するように促したのである。

エリアーデは、ユダヤ教における終末論のはじまりということを、第二イザヤ書(「ドゥテロ・イザイア」)に求めている。旧約聖書を開いても、「イザヤ書」はあっても、「第二イザヤ書」など見つけることはできないが、これは、「イザヤ書」の第40章から第55章までをさしている。近代の聖書学においては、旧約新約を問わず、それぞれの文書の成立年代を明らかにしようとする試みとして、「歴史的批評」、あるいは「高等批評」という手法が用いられたが、それによれば、「イザヤ書」は、三つの段階を経て編纂されたとされたのである。

イザヤという預言者は、紀元前七三五年頃から活動を開始したとされているが、エリアーデは、「第二イザヤ書」が成立したのは、バビロン捕囚の時代の最後の時期で、無名の作者によって書かれたものだとしている。その上でエリアーデは、この「第二イザヤ書」の作者こそが、「終末論を説いた最初の預言者」(『世界宗教史』第4巻)であると指摘している。

「第二イザヤ書」が示す終末への五つの段階

そこに示された終末は、次のように五つの段階を経て進行していく。

(1)ヤハウェやキュロス王、またはイスラエルによるバビロニアの滅亡
(2)捕囚の解放、荒野彷徨、エルサレム到着と各地に散らばっていた者たちの集合によるイスラエルの救済
(3)ヤハウェのシオンへの帰還
(4)共同体の再建と拡大、さらには国土のエデンの園への変換
(5)諸国のヤハウェへの改宗と、その神々の否定

このシナリオを見ていくと、(1)と(2)にかんしては異なるが、(3)以降の部分は、第3章で述べたイスラム教の発生と拡大の過程と重なって見えてくる。イスラム教には、信仰を同じくする

人間の集合体である共同体の観念があり、それはアラビア語で「ウンマ」と呼ばれる。(5)で言われる諸国の改宗と神々の否定とは、まさにイスラム教への信仰をもつことによって、多神教徒がウンマに包含されていった過程と共通している。

ここで、キリスト教を飛び越えて、あえてイスラム教との類似性を示したのは、ここに示されたシナリオには、キリスト教の終末論において決定的に重要とされるものが欠けているからである。

それは、救世主、救済の主体としてのメシアの存在である。

エリアーデは、その点を十分に意識しており、「第二イザヤ書」に登場する「ヤハウェの僕」のことに言及している。「第二イザヤ書」に含まれる42章1節には、「見よ、わたしの僕、わたしが支える者を。／わたしが選び、喜び迎える者を。／彼の上にわたしの霊は置かれ／彼は国々の裁きを導き出す」とある。

この僕は、あらゆる試練を受け入れ、イスラエルの民の罪を消し去るために犠牲となるとされているので、民族を救う「メシア」としてとらえることができる。キリスト教の世界では、そのようにとらえられてきたし、エリアーデも、「試練をとおしての世界の救済という宣言は、キリスト教の出現を予告するものである」(前掲、第4巻)と述べている。

黙示文学の成立

「第二イザヤ書」の後に成立した、それぞれの預言者による文書のなかでも、こうした終末論がくり返し語られ、それは、「黙示文学」の成立というところに結びついていく。黙示文学とは、終末の秘密を象徴や幻（ビジョン）などによって表現したものである。旧約聖書における最初期の黙示文学は、「ダニエル書」と「エノク書」の最古層であるとされている。

「ダニエル書」には、紀元前六〇五年から五六二年まで新バビロニア王国で王位に就いていたネブカドネザル一世が登場し、その夢をダニエルという人物が解釈するという設定になっている。ダニエルはそこから、現在の腐敗した世界の終わりが近づいており、神はその後に永遠の国を打ち立てるであろうという予言を導き出してくるが、エリアーデは、この「ダニエル書」に代表されるユダヤ教の黙示録の特徴は、世界史を構成する出来事は、宇宙のリズムに従って永遠にくり返されていくものではなく、「神の計画に従って展開する」ところにあるとしている。歴史は急速に終末へとむかっているが、それは、神によって定められたイスラエルの決定的な勝利が近づいていることを意味しているというのである。

エリアーデの初期の代表的な著作に、『永遠回帰の神話』（堀一郎訳、未來社）というものがある。永遠回帰というと、ニーチェのことが思い起こされるが、エリアーデは、古代の文明社会における世界観を問題にしており、それは、原初において存在したと想定された祖型への永遠なる回帰によって特徴づけられるというのである。

こうした観念を儀礼として表現したものが、新年の儀礼であり、その際には、その民族や文明に伝わる、世界の創造についての物語である創造神話が語られたり、演じられたりする。

これに対して、ユダヤ・キリスト教は、歴史が、永遠回帰の循環から脱して、終末という方向にむかって流れていくという考え方を強調することによって、歴史観に革命的な変化をもたらした。それが、エリアーデの強調するところである。

ただ、ユダヤ教の段階では、そうした歴史観の革命は、必ずしも十分な発展を示さなかった。それは、預言者たちが終末論を説いたのに対して、一方では、律法を重視する傾向が生み出されていったことに示されている。ここで言う律法とは、トーラーに示されたユダヤ法、ハラハーのことである。それは、後にイスラム教がとった方向性と共通する。イスラム教では、イスラム法が重視され、イスラム教徒はそれに従って生活することを求められるのである。

この点についてエリアーデは、紀元前二世紀の後半には、祖国を失ったユダヤ人は「ディアスポラ（離散）」となり、各地に散った結果、ユダヤ教は世界宗教になりつつあったものの、「律法への固着」ということが起こったために、その芽はつまれてしまったと解釈している。

イスラム教のことを考えれば、律法を徹底して遵守することが、世界宗教になることを妨げるとは言えない。その点について、エリアーデは述べていないが、ユダヤ教において「選民思想」が確立され、ユダヤ民族こそが神によって選ばれた民であるという考え方が発展したことに求められるかもしれない。

新約聖書で明確に語られている終末論

終末論をユダヤ教以上に強く打ち出したのがキリスト教である。キリスト教においては、終末論は、その信仰の核心に位置づけられている。

キリスト教における終末論が明確に語られているのが、新約聖書の最後に収められた「ヨハネの黙示録」においてである。

この文書にはヨハネの名が冠せられているが、それは伝統的にキリストの弟子の一人、使徒ヨハネのことであると考えられてきた。ヨハネと言うと、イエスに対して洗礼を施したとされる洗礼者ヨハネも存在するので、弟子の方は使徒ヨハネと呼ばれて区別されている。この使徒ヨハネは、「ヨハネによる福音書」や三通の「ヨハネの手紙」、そして、「ヨハネの黙示録」の作者であるとされてきたが、現代の聖書学では、そうしたとらえ方はされていない。新約聖書の場合、それぞれの文書の作者が誰なのかを特定することはかなり難しいのである。

「ヨハネの黙示録」の作者が誰かという問題はともかく、この文書の作者は、そこに自らが見たとされることをつづっているが、それは、すべて実際に目で見た出来事ではなく、幻であり、宗教的なビジョンである。ビジョンであるがゆえに、象徴的な表現がくり返し使われており、それをどのように解釈するかは、それぞれの解釈者に任された形になっている。たとえば、6章には、子羊が七つの封印を開く話が出てくる。最初の部分を引用すれば、次のようになる。

また、わたしが見ていると、子羊が七つの封印の一つを開いた。すると、四つの生き物の一つが、雷のような声で「出て来い」と言うのを、わたしは聞いた。そして見ていると、見よ、白い馬が現れ、乗っている者は、弓を持っていた。彼は冠を与えられ、勝利の上に更に勝利を得ようと出て行った。

続けて、第二の封印が開かれると、赤い馬が現れ、第三、第四と、黒い馬と青白い馬が現れる。そして、第五の封印が開かれると、殉教者とおぼしき存在が現れ、第六の封印が開かれると、大地震が起こり、太陽は暗くなって、月は血のようになり、天の星が地上に落ちる。そして、第七の封印が開かれると、半時間ほど沈黙に包まれるが、すぐに七人の天使が現れ、それぞれがラッパを吹くことになる。
天使が現れ、ラッパを吹くとなると、それは幸運の訪れを予告したものであるかのように思えるかもしれないが、「ヨハネの黙示録」では、まったく違い、それは大量殺戮の合図となっている。第一の天使がラッパを吹くと、血のまじった雹《ひょう》と火が地上に降り注ぎ、地上の三分の一が焼け、木々も三分の一が焼けてしまうのだ。

そして、第六の天使がラッパを吹くと、四人の天使が解き放たれるのだが、それは人間の三分の一を殺すためだった。第七の天使がラッパを吹くと、メシアが登場し、この世界がそのメシアによって統治されるようになったことが告げられるが、そこで殺戮を伴う凄惨な出来事に終止符が打たれるわけではない。「ヨハネの黙示録」は、延々と神の怒りによって世界が破壊されていく様子をつづっていく。罪を犯した者は、ことごとく凄惨な死を迎えていくのである。

最終的な救済が約束されるのは、最後の22章になってからで、そこでイエスの再臨ということが告げられる。イエスは、「見よ、わたしはすぐに来る。わたしは、報いを携えて来て、それぞれの行いに応じて報いる。わたしはアルファであり、オメガである。最初の者にして、最後の者。初めであり、終わりである」と宣言する。

新約聖書の冒頭に収められた福音書のうち、「マタイによる福音書」、「マルコによる福音書」、そして、「ルカによる福音書」は、共通した記述が多いことから「共観福音書」と呼ばれるが、それぞれの福音書の最後の部分では、十字架に架けられて殺されたイエス・キリストが墓に葬られたものの、三日目に復活し、弟子たちの前に現れたと記されている。

そして、「マルコによる福音書」では、「主イエスは、弟子たちに話した後、天に上げられ、神の右の座に着かれた」と述べられている。この記述と、「ヨハネの黙示録」に述べられた再臨とが組み合わされることで、「ヨハネの黙示録」で詳しく語られた神による最後の審判の後に、イエスが再臨し、正しい者をすべて天国へ導いていくという再臨信仰が確立されていくことになる。これこそが、キリスト教の教義の核心に位置づけられたのである。

最後の審判とキリストの再臨——キリスト教を世界宗教とした考え方

この世を創造した神は、絶対の力を持つ存在ではあるが、その神によって創造された人間は、一部の者を除き、神に背いて堕落していく。そのとき、神は鉄槌を下し、背いた人間を大量に殺戮する。

しかも、神が信仰篤き者を選び、その命を救ったとしても、その後に続く人間たちはやはり神に背き、堕落していく。そこに何らかの歯止めが設けられなければ、それは永遠にくり返されていくことになってしまう。

最後の審判とキリストの再臨という考え方は、そこに決定的な歯止めを設けることになった。それは、ただ一度起こることであり、初期のキリスト教徒は、そのときがすぐにでも迫っていると信じた。彼らは、神による殺戮を怖れつつ、それができる神であるからこそ、究極の救いをもたらしてくれると強く信じたのである。

それは、キリスト教を、その母体となったユダヤ教とは異なる宗教に仕立てあげていく上で決定的な要因となった。世界宗教としてのキリスト教が成立する際に、再臨信仰の確立は不可欠であった。

初期の時代のキリスト教徒が、信仰ゆえの殉教を怖れなかったのも、たとえ殉教しても、さらに言えば、殉教するほどに篤い信仰を持てば、必ずや最後の審判のときに救われると確信できたからである。それはまた、キリスト教をユダヤ人社会を超えて、ユダヤ人からすれば異教徒に伝えていく上での原動力にもなった。

だが、すぐにでも迫っているとキリスト教徒が信じた最後の審判は訪れず、キリストの再臨もいっこうに実現されなかった。そこで、キリスト教は根本的な矛盾を背負うことになるのだが、終末論がそれによってキリスト教の世界から一掃されてしまったわけではない。社会に危機が迫っていると認識されたとき、終末論はくり返し甦り、キリストの再臨が叫ばれてきた。

それは、現代においても変わらないのである。

第6章

異教や異端との戦い

——十字軍について

キリスト教信仰を拡大した「伝道活動」

現代のビジネスの世界には、「エバンジェリスト」という存在がいる。これは、新しい製品や、その製品の背後にある独特な世界観を広めていく役割を果たす人間のことである。企業が、特定の社員にこのエバンジェリストの役割を割り振ることもあるが、企業とは直接に関係のない人間が、その製品やコンセプトにほれ込み、自発的にエバンジェリストの役割を担うこともある。

こうしたエバンジェリストのイメージが確立される上で、大きな役割を果たしたのが、アップルの創業者、スティーブ・ジョブズであった。ジョブズは、新しい製品が開発されると、自らプレゼンテーターをつとめ、その製品の素晴らしさをアピールしていったが、その際に、その製品に込められた新しい考え方を強調することに力を入れた。ジョブズは、製品の機能を紹介するのではなく、それが造られるに至る背景となった思想やコンセプトを提示し、プレゼンテーションに集まった人々に、それを伝えていったのである。

私たち日本人には、こうしたプレゼンテーションのやり方はひどく斬新なものに映った。それは、ジョブズに対する憧れの気持ちにも結びつき、それを真似ようとする人々も現れたが、なかなかさまにはならない。どこか不自然なものが残ってしまうのである。

もちろん、アメリカでもジョブズのプレゼンテーションは革新的なものとして受け取られたことだろう。だが、アメリカの文化のなかには、すでにそうした形でプレゼンテーションを行う人間たちがいた。それが、キリスト教の布教師であり、伝道師であった。そこに、エバンジェリストとの結びつきがある。もともとキリスト教の布教師こそがエバンジェリストなのである。

キリスト教には、「福音」という考え方がある。福音書の福音であり、よき知らせという意味だが、具体的には、十字架にかけられたイエス・キリストが、墓に葬られたにもかかわらず、三日目に復活し、弟子たちの前に現れたという出来事が福音である。

その初出は、イエスの死後、その弟子となって、ユダヤ人以外にキリスト教を広めることに貢献したパウロによる「コリントの使徒への手紙一」の15章である。そこでパウロは「兄弟たち、わたしがあなたがたに告げ知らせた福音を、ここでもう一度知らせます」（1節）と述べている。その福音とは、「キリストが、聖書に書いてあるとおりわたしたちの罪のために死んだこと、葬られたこと、また、聖書に書いてあるとおり三日目に復活したこと、ケファに現れ、その後一二人に現れたこと」（3～5節）だというのである。

パウロは、この福音をユダヤ人のみならず、ユダヤ人以外の人間たちに伝えていくために活動を展開したわけで、それは、パウロ以外の「使徒」と呼ばれた人間たちにも共通していた。彼らは、そこにこそ究極の救済があると信じ、たとえ殉教する恐れがあったとしても、積極的に福音を伝えようとした。これによってキリスト教が広まっていくことになるが、福音を伝えることは、その後のキリスト教徒のつとめともなり、多くの人間がそれを実践したことで、キリスト教は世界宗教への道を歩むことになったのである。

したがって、キリスト教においては、福音を伝えていく行為が伝統となっていくわけだが、アメリカにおいては、それは特異な発展の仕方をしていった。

アメリカで盛んだった「リバイバル」(信仰復興)

アメリカでは、フロンティアの開拓ということが重要な課題となり、開拓者たちは、西へ西へとむかっていった。その際、開拓者たちは、とりあえず信仰ということには関心をむけなかった。したがって、西部の開拓地にできた町には、教会が建っていなかったりした。

キリスト教の伝道師たちは、そうした開拓者たちの後を追いかけ、彼らに福音を伝えようとした。そのために、野外に大きなテントをはり、そこで集会を開いた。伝道師たちは、説教壇から、人間がいかに罪深い存在であるかを説き、その罪から救われるためには神にすがらなければならないと訴えた。伝道師たちの話術とパフォーマンスは巧みなものであったため、それに接して信仰に目覚める人間が次々と現れ、彼らは回心を遂げていった。それが、「リバイバル」(信仰復興)と言われる宗教運動である。最初はイギリスではじまったものだが、盛んになったのはアメリカで、アメリカでは、何度かリバイバルの大きな波が訪れている。

そうした伝道師を主人公とした映画が、一九六〇年に公開された『エルマー・ガントリー』である。主人公をつとめたバート・ランカスターはこの作品でアカデミー賞の主演男優賞を獲得する。彼の演じたエルマー・ガントリーという男は、自堕落だが物を売るということにおいては実に巧みなセールスマンだった。その男が、女性の伝道師に恋をしてしまい、その伝道活動に加わることになる。その際に、彼は巧みなセールストークを活かし、伝道のための集会に集まった聴衆を回心へと導いていったのである。なお、エルマー・ガントリーにはモデルがいて、それが伝道師のビリー・サンデーだった。このサンデーについては、森本あんり『反知性主義――アメリカが生んだ「熱病」の正体』（新潮選書）に詳しい。

ここには、キリスト教の信仰を広めていく、つまりは福音を伝えていくことと、物を売ることとが、同じやり方で行われることが示されている。だからこそ、現代では、エバンジェリストという職業なり、役割が誕生したわけである。そこにおいて、宗教の世界と資本主義の世界とは意外なほどの親近性を示しているのである。

聖人崇拝はこうして始まった

その点は大いに注目されるところでもあるが、福音という概念が成立したキリスト教においては、それによって布教という行為が決定的に重要なものとなっていった。たとえば、イエズス会の創立者の一人であるフランシスコ・ザビエルが、日本にキリスト教をもたらしたのも、彼がキリスト教を知らない日本人に福音を伝えることを使命としたからである。ザビエルの後も、日本には次々と伝道師がやってきて、キリスト教を広めていった。

そして、キリスト教が禁教とされ、布教が困難になっても、彼らは活動を止めず、また、禁教下の日本に密かに潜入しようとした伝道師たちも現れた。彼らは、わざわざ死ぬために禁教の地に足を踏み入れたかのようでもあるが、そこには、福音伝道に対する強い使命感があった。福音伝道によって死ぬことは殉教であり、殉教はキリスト教においてもっとも価値のある行為と見なされてきたのである。

キリスト教のカトリックにおいては、聖人（聖者）というものが存在している。これは、殉教した人間が信仰の対象になるものである。二月一四日は、「バレンタイン・デー」として日本でも親しまれているが、そこで言われるバレンタインは、ローマ帝国による迫害によって三世紀に殉教した聖ヴァレンティヌスに由来する。

こうした聖人は、キリスト教のなかで、東方教会、カトリック、聖公会において認められるもので、一般のプロテスタントはそれを認めていない。カトリックの場合には、聖人として認定するための制度が確立されており、殉教したこととともに、死後に奇跡を起こしたといったことも聖人として認定される要件になっている。そこで言われる奇跡とは、遺体が腐敗しないとか、祈った人間の病が癒されたことなどをさす。

神の絶対性を強調する立場からすれば、こうした聖人を祀る「聖人崇拝」は、多神教、あるいは偶像崇拝へと堕していく可能性のある危険な信仰であるということになる。たしかに、多くの聖人が崇拝の対象となっている状況を見ると、日本で八百万の神々が信仰の対象になっていることに似ているように思えてくる。

そうした問題はあるものの、聖人崇拝は、中世において、キリスト教がヨーロッパに浸透していく上で重要な役割を果たした。ヨーロッパでは、キリスト教が広まる以前に、ゲルマンやケルトの民族信仰が広まっており、そこには多神教の世界が展開されていた。多神教徒が一神教を信仰するようになるにあたって、聖人崇拝は、それを媒介する役割を果たしたのである。

聖人崇拝から生まれた聖遺物崇拝

その際に注目されるのは、聖人に対する崇拝が、「聖遺物崇拝」という形態をとったことである。聖遺物とは、聖人の遺骸、遺骨、遺品のことをさしている。

聖人崇拝は、すでに二世紀末から行われるようになっていた。キリスト教が迫害されていた時代には多くの殉教者が生まれ、やがてローマ帝国において公認されるようになると、この信仰は高まりを見せていったのである。

殉教者は、神のために自らの生命を捧げたという点で特別な存在であり、彼らは、天国にあって神のもとにとどまっていると同時に、地上にも存在し続けていると考えられた。その地上での存在を示すものが、聖遺物である。その上、聖遺物には病気治癒などの奇跡を起こす力があると信じられるに至ったのである。

アウグスティヌスについては、前章でふれたが、最初彼は、聖人崇拝に対して批判的で、聖人が引き起こしたとされる奇跡についての話は信用できないと考えていた。聖遺物の売買についても批判的だった。ところが、キリスト教における最初の殉教者である聖ステパノの聖遺物が、アウグスティヌスのいたヒッポに移され、数々の奇跡的な病気治癒が起こると、彼は聖遺物に対する見方を根本から改め、主著となった『神の国』などの書物では、聖遺物の引き起こした奇跡を記録し、その信仰を正当化した。これは、聖人崇拝、聖遺物崇拝にお墨付きが与えられたことを意味する。

六世紀になると、聖遺物崇拝はかなりの広がりをみせ、東ローマ帝国では、教会を困惑させるまでに至る。四、五世紀のシリアでは、一般の教会堂とは別に、殉教者の教会堂が建てられ、それは「マルティリウム」と呼ばれるようになった。マルティリウムには、聖遺物が安置され、聖人に捧げられた祭壇では、殉教者を讃える捧げものや祈り、賛歌の詠唱などが行われた。

こうした信仰が盛んになるということは、教会の権威を脅かす危険性があったため、教会の側は、それを取り込んでいく方向に転じていく。五、六世紀には通常の教会堂でも聖遺物を手に入れ、教会堂の内部にマルティィリウムを小祭壇として建立するようになる。

その結果、四世紀末から六世紀にかけて、聖遺物崇拝は西ローマ帝国全域に広がり、都市郊外の墓地にあった殉教者の墓は荘厳な建築物に建て替えられ、キリスト教徒の宗教生活の中心となっていった。そうした墓の前では、さまざまな儀式が営まれ、墓は行進や巡礼の目的地となっていったのである。

ヨーロッパ全体に広まる聖遺物

この時代には、夢を見るという行為や、何らかのビジョンを得るということが重視されており、そうしたものを用いて聖遺物が発見されることは、「インヴェンチオ」と呼ばれた。このインヴェンチオによる聖遺物の発見は、宗教的な熱狂を生み出すことに結びつくが、聖遺物は無限に分割されて、ヨーロッパ全体に広まっていく（聖遺物崇拝については、前掲のエリアーデ『世界宗教史』第5巻を参照）。

カトリックにおける三大巡礼地と言えば、バチカンのあるイタリアのローマと、マリアの出現が起こったフランスのルルド、そして、イベリア半島北西部ガリシアにあるサンチャゴ・デ・コンポステラだが、コンポステラへの巡礼は、聖遺物を祀る各地の教会堂をめぐる形で行われる。

現代では、日本人には骨に対する執着があるとされることが多いが、それは、決して日本だけに見られることではない。むしろ、ヨーロッパの方が、土葬しても、土壌の関係で骨が残るため、骸骨を祀るということが広く行われている。たとえば、プラハには、頭蓋骨や各部の骨で装飾された骸骨堂がある。それはイタリアのローマにもあって観光の名所になっている（骸骨堂については、養老孟司『身体巡礼［ドイツ・オーストリア・チェコ編］』新潮社を参照）。

日本人の感覚からすればかなりグロテスクなもので、アメリカ人の作家、マーク・トゥエインも、ローマで四千体の遺骨が集められている地下納骨堂を見学し、それを淡々と説明していく修道僧に衝撃を受けている。アメリカには、こうした骸骨に対する信仰はないからである。

聖遺物をめぐって繰り広げられた略奪や売買

アウグスティヌスがお墨付きを与えたこともあり、聖遺物崇拝は、キリスト教会の世界に広く浸透していくが、宗教改革の時代になると、それは批判の対象にもなっていく。宗教改革家の一人、カルヴァンは、『カルヴァン小論集』（波木居齊二編訳、岩波文庫）の第一章として収められた「聖遺物について」と題された文章において、どのような聖遺物がどこに祀られているのかを事細かに挙げた上で、その愚かしさを批判している。なにしろ、そのなかには、「マリアの乳」といった、到底あり得ないものまで含まれていたからである。

キリスト教会は、聖遺物が売買されることを禁止しようとした。しかし、現実には売買はくり返され、略奪も行われた。六世紀の末、ベルギーのコルビオンの修道僧たちは、修道院を開いた聖ローメルの聖遺骨がフランスのシャルトルにあってさまざまな奇跡を起こしているということを聞きつけると、修道院長であったレグノベールを先頭にシャルトルに押しかけ、聖ローメルの聖遺骨を奪い取ってきた。しかも、彼らは、自分たちは「聖なる励まし《インスピラティオ》」を受けたとして、略奪という行為を正当化したのだった（渡邊昌美『巡礼の道』中公新書）。

そこには、現代の私たちが抱くキリスト教のイメージとは異なる信仰世界がくり広げられていたわけだが、こうした聖遺物崇拝は、十字軍ともかかわっていく。十字軍は、キリスト教会が、聖地エルサレムをイスラム教徒の手から奪還するために遠征軍を派遣したものである。

三宗教にとっての聖地、エルサレム

エルサレムほど複雑な聖地はない。一般に、宗教の聖地と言ったとき、それはある特定の宗教の聖地のことをさしている。

ところが、エルサレムの場合、そこは、ユダヤ教、キリスト教、そしてイスラム教の共通の聖地になっている。それも、この三つの宗教が、それぞれに性格は異なっているものの、近接した地域から生み出され、相互に深い結びつきをもっているからである。

ユダヤ教徒にとって、エルサレムは、紀元前一〇世紀から紀元前六世紀にかけて存在したユダヤ人の王国、ユダヤ王国の首都であり、かつてはユダヤ教の信仰世界の中心に位置するエルサレム神殿が建っていた場所である。ところが、その神殿は、紀元七〇年にローマ帝国によって破壊され、神殿の壁だけが残された。それこそが、現在もユダヤ教徒がその前に立って祈りを捧げる「嘆きの壁」である。

キリスト教徒にとって、エルサレムは、イエス・キリストがその活動を展開し、十字架にかけられて殺され、復活をとげた場所である。イエスが葬られたとされる場所には、聖墳墓教会が建てられ、今でも多くの巡礼者を集めている。

そして、イスラム教徒にとって、エルサレムは、預言者ムハンマドが一夜にして昇天した場所である。この場合の昇天は、ムハンマドの死を意味しない。ムハンマドは、エルサレムの神殿の上にある石から馬で天に昇り、神の前に至ったとされている。そこには、後に岩のドームが建設されるが、イスラム教が誕生した当初の段階で、礼拝の対象となっていたのはメッカの方角ではなくエルサレムの方角であった。そこには、いかにエルサレムがイスラム教において重要な場所かが示されている。

三つの宗教が友好的な関係を保っているなら、聖地を共有していたとしても問題は起こらない。しかし、エルサレムは、異なる時代において、異なる民族、あるいは王国によって支配されてきた。ユダヤ王国が滅んでからは、ローマ帝国によって支配されるが、ローマ帝国はキリスト教を国教とした。ところが、イスラム教が勃興すると、エルサレムはイスラム勢力によって支配され、一一世紀以降になると、トルコ人のセルジューク朝によって支配されるようになっていくのである。

現在のエルサレムは、ユダヤ人の国家であるイスラエルの東部に位置する形になっており、イスラエルはそこを首都としているが、パレスチナとの関係もあり、国際的には承認されていない。イスラエルの周囲には、イスラム教を信仰する国々が存在しており、両者は、四回も戦火を交えるなど、イスラエルの建国以来長く対立関係におかれてきた。

それは、ユダヤ教とイスラム教の対立ということになるが、キリスト教の場合には、中世においてエルサレムがイスラム教の勢力によって支配されていた時代に、「十字軍」を組織し、その奪還をはかろうとしたのである。

十字軍のはじまり

キリスト教は、当初、エルサレム周辺に誕生した宗教であるにもかかわらず、むしろ、ローマ帝国全域に広がっていく。使徒ペテロが葬られた場所がバチカンとしてキリスト教会の中心になっていくにつれて、エルサレムはその重要性を失い、やがてイスラム教によって支配されることとなった。

そうした状況のなかで、一〇九五年、ローマ教皇のウルバヌス二世（在位一〇八八～九九）の手によって、フランス中南部オーヴェルニュにあるクレルモンにおける教会会議において、十字軍が招集されることとなった。ただし、当初の段階で、十字軍ということばは使われておらず、その試みはただ「旅」とか、「巡礼」と呼ばれていた。

ウルバヌス二世が、十字軍を招集した時点で、具体的にどういったことを言ったのかははっきりしていないが、トルコ人の侵攻によって苦難に直面している東方のキリスト教徒を救援する必要があり、その戦いは神によって導かれた聖なる戦いであると述べたものと考えられる。

松本宣郎編『キリスト教の歴史1』の第3章「西ヨーロッパ世界の成立とキリスト教」の部分を担当した印出忠夫は、十字軍と聖遺物崇拝との関係について言及している。

当時、聖遺物の移転や贈与によって、それを安置する教会がヨーロッパ全体に生み出され、そうした場所をめぐる巡礼路の整備が進んだが、ローマ教皇は、その頂点にローマを位置づけようと考えた。そのため、ウルバヌス二世は、フランス国内を巡歴し、訪れた教会や祭壇、墓地を自らの手で聖別していったが、その過程で、多くの聖遺物があると見込まれるエルサレムのことが教皇の念頭に浮かんだのではないかというのである。

印出は、このウルバヌス二世の十字軍招集の宣言が、大きな反響をもたらしたことを指摘し、その際に、エルサレムという場所のもつ力が重要な役割を果たしたと述べている。「まず、全キリスト教徒に共有された、イエスをはじめとする聖書の登場人物の記憶にあふれた都エルサレムのもつ『巡礼地』としての圧倒的な魅力がある。そのイメージは天国（天のエルサレム）と二重写しにされ、ここでの落命を本望と感じる者もあったし、地上のユートピアを夢見て入植を志す者、はては聖遺物を故国に持ち帰って一儲けを企む者も存在した」というのである。

聖地を目指す人々のさまざまな思惑

さらに、クレルモン教会会議の決議録においては、「誰であれ名誉や金銭の入手のためではなく、ただ信心のみのために神の教会を解放せんとエルサレムへ出発した者には、その旅はすべての贖罪のためとみなさるべし」とあった。これは、ウルバヌス二世が、十字軍の参加者に対して「贖宥《しょくゆう》」が与えられることを約束したものと考えられる。贖宥は、教会が信者の罪を許したり、軽減したりする行為であり、後に宗教改革が起こったときには、そこに金銭がからむため、ルターによって厳しく批判された（八塚春児『十字軍という聖戦――キリスト教世界の解放のための戦い』ＮＨＫブックス）。

つまり、十字軍の目的は聖地エルサレムの奪還というところにおかれたが、その参加者にとっては、罪の赦しを期待できる宗教的な行為にほかならなかった。それは、聖遺物の祀られた教会などを巡礼する行為の延長線上に位置するものであり、だからこそ、当初巡礼と呼ばれたりしたのである。

ただし、信仰だけが十字軍に参加する動機となったわけではない。印出も指摘しているように、そこには金儲けといった世俗的な動機もからんでいた。実際、第一回の十字軍に参加した諸侯のなかには、王家に連なってはいても、正統的な継承者ではなく、地位が不安定な者が少なからず含まれていた。彼らが、十字軍に参加し、エルサレムの奪還を果たすことで一旗揚げようと考えたとしても不思議ではない。そもそも、十字軍に参加すれば、エルサレムまでの長期の遠征が必要であり、それには費用がかかったし、戦闘になれば、命を落とす危険性もあった。そうである以上、元をとる必要があったのである。

失敗に終わった聖地奪回

第一回の十字軍は、一〇九六年八月末以降に出発し、陸路をたどってエルサレムにむかう。翌年の四月、ボスポラス海峡をわたって小アジアに入ったところで、トルコ人が支配していた都市を攻撃するが、どこでもそれは激戦となる。十字軍がエルサレムの奪還に成功したのは、招集から三年が経った一〇九九年七月のことだった。

エルサレムが奪還されることで、そこにエルサレム王国が樹立された。だが、十字軍に参加した諸侯のあいだで対立が起こった。さらには、イスラム教徒による反抗もあったため、周辺の都市が奪還されたり、援軍として送られた第二回の十字軍が撤退を余儀なくされたりして、次第に劣勢に立たされていく。

一一八七年には、イスラム教の側にサラーフッディーン（キリスト教の側はサラディンと呼ぶ）という英雄があらわれ、エルサレムはイスラム教徒の手によって奪還されてしまう。

その後、幾度か十字軍は招集され、再度のエルサレム奪還にむけて送り出されるが、成功したのは第六回の十字軍のときだけだった。そのときも、再占領していた期間はわずか一五年ほどに過ぎなかった。聖地エルサレムを奪還するという野望は、結局は果たされなかった。

ただ、聖遺物にかんしては、十字軍は一定の成果をあげた。たとえば、第一回十字軍は、エルサレムの北にある重要な都市、アンティオキアを攻撃するが、その際に、そこにあった聖ペテロ教会の地下から「聖槍《せいそう》」が発見される。これは、イエスが十字架にかけられたとき、そのからだを突き刺した槍のことである。

その時点から一〇〇〇年も前の槍が残っているとはとても考えられないが、十字軍に参加した人間たちは、それがイエスを突き刺した槍だと信じた。そして、サラディンによってエルサレムがふたたび奪還されようとしていた一一八七年には、十字軍の兵士たちは大量に買い付けた聖遺物を、大きな箱におさめて、地元に送ったのである。

結局のところ、十字軍の試みは失敗に終わり、派遣の試みがくり返されても、はかばかしい成果をあげなくなると、当初の熱狂は薄れていった。フランスからエルサレムまでは相当に距離がある。しかも、エルサレムは、イスラム教が広まった地域のなかにあるわけで、たとえそこを一時的に奪還したとしても、すぐに孤立し、反撃を受けざるを得なかった。その点で十字軍は、最初から無謀な試みであったと言えるのだ。

殉教が尊い行為とされる

キリスト教は、すでに述べたように、福音を伝えることを使命とする宗教であり、そのためには、犠牲を厭わない。それも、イエス・キリストが十字架にかけられて殺されたことから、その信仰がはじまるからである。キリスト教の世界において、イエスは人類全体の罪を贖うために、殺されたのだという教えが確立され、そのイエスにならって殉教することが、福音を伝える人間にとってもっとも尊い行為と位置づけられていった。

そこには、キリスト教がくり返し迫害を受けたという出来事がかかわっていた。迫害が予想されるなかで、自らの信仰を貫いていくならば、イエスと同様に、死を避けることはできない。殉教したとしても、最後の審判のときにイエスが地上に再臨したとき、肉体をともなって復活し、天国へ赴くことができる。キリスト教の伝道師たちは、それを信じ、自らの生命を捧げたのである。

伝道において「殺戮」はやむを得ぬもの

キリスト教は、開祖の死からはじまる宗教である。死ということは、どの宗教においても極めて重要な事柄であり、たとえば、仏教においては、ブッダの涅槃ということに極めて重要な宗教的価値が与えられている。

しかし、ブッダの死が、人生をまっとうした穏やかな死であるのに対して、イエスの死は、刑死であり、むごたらしい死である。しかも、「ルカによる福音書」では、イエスは「父よ、わたしの霊を御手にゆだねます」と言って亡くなったとされるのに対して、「マタイによる福音書」と「マルコによる福音書」では、「わが神、わが神、なぜわたしをお見捨てになったのですか」と叫びながら死んだとされている。このイエスのことばをどのように解釈するか、それは難しい問題だが、イエスは神に見捨てられた状態で亡くなったとも言えるのである。

こうしたキリスト教の当初からのあり方は、その後の歴史にも根本的な影響を与えていく。キリスト教においては、福音が伝えられている地域と、それが未だに伝えられていない地域とが区別され、伝道活動によって後者をなくしていくことが目指された。そして、後者の地域に生きる人々は、「異教徒」としてとらえられた。異教徒をキリスト教徒に改宗させることが、伝道の主要な目的となったのである。

十字軍の場合にも、異教徒であるイスラム教徒に占領されている聖地エルサレムを奪還することが、その目的に据えられた。奪還するためには戦闘を覚悟しなければならない。その点で、十字軍の招集は、ローマ教皇が異教徒の殺戮を命じたものと見ることができる。

進む教会の組織化と制度化

ここで一つ注目する必要があるのが、ローマ教皇という存在である。第3章で、イスラム教には組織というものが欠けているということを指摘したが、キリスト教会の場合には、まさにその反対である。ここで言うキリスト教会とは、宗教改革以前のものであり、現在で言えば、カトリック教会がそれに相当する。

キリスト教が生まれた当初の段階では、最後の審判がすぐにでも訪れると信じられていた。

その信仰自体は、その後も否定されることなく、今日でも、そのときは切迫しているというのがキリスト教の基本的な理解であり、信仰である。そのため、社会に危機が訪れると、終末のときが差し迫っていることを訴える宗教家が現れ、そのメッセージが多くの人間を改宗させたり、信仰を強化することに結びついたりする。

しかし、現実には、すぐにでも来るはずの最後のときは訪れず、キリスト教徒は中途半端な状態におかれることになった。最後の審判が切迫しているなら、世俗の事柄にこころを奪われ、現世において豊かで幸福な生活を送ろうと考えること自体に意味がない。最後の審判が下るときのために、世俗の生活に対して配慮することを捨て、清く正しい生活を送ればいいのである。

最後の審判がなかなか訪れないことは、キリスト教の信仰の根幹が信憑性を失うということを意味する。しかし、実際には、それによって信者が信仰を失うことにはならなかった。むしろ、多くの殉教者が生まれ、聖人として教会堂に祀られるようになると、教会が地上での救済の役割を担うようになり、教会の組織化、制度化ということが大幅に進展する。この点では、キリスト教の世界においては、組織化の進展ということにおいて、イスラム教世界とはまったく異なる状況が生み出されていったのである。

ローマ教皇の権威確立と「正統」「異端」という判断

とくに、キリスト教の教会組織のなかで、ローマ教皇の権威が確立したことが大きい。教皇の権威は、しだいに確立されていったもので、それにはかなりの時間を要したが、最終的に、ローマ教皇は地上における「キリストの代理者」の地位を獲得していく。それによって、ローマ教皇は過ちを犯すことがないものと見なされていく。

第3章で見たように、コーランのなかに、多神教徒を殺すことを促す文句があったとしても、イスラム教の世界では、その実行を命じ、促す権威というものは存在しない。ところが、キリスト教の世界では、異なる宗教を信じる者を殺戮することを命じることのできる教皇という存在が生み出されていった。実際、十字軍の派遣を命じたのはローマ教皇であった。この点は、イスラム教とキリスト教を比較したときに、決定的に異なる点である。

しかも、キリスト教では、教義を定める機会も制度化された。それが、「公会議」である。公会議は、三二五年の第一ニカイア公会議にはじまり、今日にまで受け継がれている。もっとも最近の公会議は、一九六二年から六五年まで開かれた第二バチカン公会議である。

こうした公会議においては、キリスト教会の教義についての議論が行われるが、最終的にどの教義を採用するかが決定される。第一ニカイア公会議の場合も、イエス・キリストをあくまで人間と考えるアリウス派の思想が退けられ、父なる神と神の子としてのイエスは同質であると定められた。

その際に重要なことは、公会議で決定された教義は「正統」と見なされ、そこで排斥された教義は「異端」とされたことである。異端であるということは、その教義を信じることが教会に対して反抗することを意味する。こうした異端についての考え方が、中世においては、残虐な「異端審問」を生んでいくのである。イスラム教の世界では、こうした正統と異端という区別はそもそも成り立たない。それは仏教など他の宗教についても言える。

異教徒や異端に対する戦い

十字軍の場合にも、基本的には、異教徒であるイスラム教徒から聖地エルサレムを奪還することが目的とされたわけだが、その試みがくり返されていくなかで、異教徒ではなく異端を征伐するために招集された十字軍も生まれた。

その代表が、「アルビジョア十字軍」と呼ばれるものである。これは、第四回の十字軍を招集したインノケンティウス三世（在位一一九八～一二一六年）の時代に組織されたもので、南フランスにおいてその勢力を拡大していたアルビ派、あるいはカタリ派といった異端を撲滅することを目的としていた。

こうした異端については、次の章で詳しくふれることになるが、十字軍は異教徒とともに、異端に対する戦いを奨励するものであった。

アメリカで同時多発テロが起こったとき、その首謀者と目されたオサマ・ビンラディンは、エルサレムを支配しているイスラエルを背後で支えているアメリカを「新十字軍」と呼んだ。その上で、アメリカに対抗するために、「ユダヤ教徒・十字軍に対するイスラム世界戦線」と呼ばれるものを組織した。この戦線に、どれだけ組織としての内実があったかは疑問だが、イスラム世界を攻撃するキリスト教の勢力をさして十字軍と呼ぶことは、中世における十字軍の記憶を呼び覚まし、それに対する憎悪をかき立てることに貢献していくことにもなるのである。

第7章

善悪二元論という根源

日本で見られた「異端」とは

　前章の最後で、十字軍のなかに、聖地エルサレムを奪還するために派遣されたもの以外に、異端を撲滅するために派遣されたものがあることを見た。「アルビジョア十字軍」が対象としたのは、南フランスで勢力を拡大していたアルビ派やカタリ派という異端の勢力であった。

　異端ということばは、日本の宗教の世界では、それほど用いられない。ただ、浄土真宗では、それに近いものとして「異安心《いあんじん》」ということが言われる。異安心は、宗派のなかで正統的ではない教えを説く人間、あるいは集団のことをさしている。異安心は、宗祖親鸞《しんらん》がまだ生きていた時代から存在し、弟子のなかには、宗祖の教えに背く主張を展開する者たちがいて、親鸞がそれを東国の弟子たちに宛てた手紙のなかで戒めることもあった。親鸞の言行録である『歎異抄《たんにしょう》』も、その表題は、まさに異安心を嘆くというところにある。親鸞は、長男の善鸞《ぜんらん》を異安心ゆえに義絶したという伝承さえある。それほど、浄土真宗においては異安心問題は重要なのだ。

　あるいは、他の宗派の人間には布施をしない、また、布施も受けないとした日蓮宗の不受不施派《ふじゅふせは》なども、江戸時代には幕府によって弾圧を受け、地下に潜伏したりしたので、日蓮宗の主流派からすれば一種の異端と見ることもできる。

「正統」が明確に確立されなかった日本の仏教界

しかし、こうした例を除くと、日本の仏教宗派において、あるいは日本の宗教全般において、異端の問題はさほど目立たないし、日本の宗教史において必ずしも最重要の事柄とは考えられていない。それも、日本仏教の世界においては、異端と対比される正統が必ずしも明確には確立されていないからである。

日本に仏教が伝えられてから最初に成立した宗派が奈良時代の「南都六宗《なんとろくしゅう》」である。南都六宗のなかでは、法相宗《ほっそうしゅう》と三論宗《さんろんしゅう》がもっとも有力で、ほかに華厳宗《けごんしゅう》と律宗《りっしゅう》があり、成実宗《じょうじつしゅう》と倶舎《くしゃ》宗《しゅう》は寓宗《ぐうしゅう》として他の宗派に付属する形をとっていた。律宗の場合には、戒律の遵守を強調したが、それ自体で独立した宗派を構成することは難しい。そうしたこともあり、南都六宗は、それぞれが独立した教団組織を形成するものではなく、むしろ「学派」としての性格が強かった。

その点は、イスラム教における派のあり方と共通するが、南都六宗の派に属するのは出家した僧侶だけで、イスラム教とは異なり俗人は含まない。したがって、すべての宗派の教えを同時に学ぶ兼学ということが当時の基本的なあり方となり、それは、平安時代に天台宗や真言宗が生まれても変わらなかった。その時代になると、「八宗兼学《はっしゅうけんがく》」が実践された。天台宗の比叡山延暦寺が仏教の総合大学としての性格を持つようになったのも、それが関係している。

兼学が基本的なあり方とされている段階では、異なる教えを同時に学び、それを信奉するわけで、正統と異端という区別は成り立たない。

ただ、一方で、天台宗で確立された天台教学では、ブッダの真実の教えは、法華経が説かれるようになった段階ではじめて明らかにされたという立場がとられ、それ以前に説かれた華厳経や般若経《はんにゃきょう》、浄土経や大日経《だいにちきょう》などは、法華経に導くために方便として説かれた「権教《ごんきょう》」であると主張された。この天台教学の立場をとるならば、法華経以外の仏典を所与の経典とする他宗派の教えは価値が低いもの、正しい仏法から外れたものと見なされた。となると、天台宗では正統と異端の問題が生じる可能性が考えられるが、比叡山から生まれた宗派はそれぞれが独立した組織を形成するようになっていくため、そうした図式でとらえられることは少なかった。ただし、日蓮の場合には法華経を唯一正統的な経典とする立場をとり、その点では例外である。

カトリックで行われた異端追放の動き――「異端審問」「魔女狩り」

それに対して、キリスト教のとくにカトリックにおいては、その組織構造からして、正統と異端との違いが強調されてきた。

前章でふれたように、カトリック教会では、古代から公会議がくり返し開かれ、その場で教義が定められた。定められた教義こそが正統の教えであり、それに反するものは異端の烙印を押された。そして、異端は許されず、弾圧や処罰の対象になっていった。

その点では、カトリックの宗教世界において、異端があらわれるのは必然的なことであるとも言える。正統が強調されることで、異端が生まれるわけだからである。そして、異端的な教えを信奉する人間たちは後を絶たなかった。とくに、一二世紀以降、異端が頻発するようになる。だからこそ、一二〇九年に、ローマ教皇のインノケンティウス三世は、アルビジョア十字軍を宣布した。そして、一二二九年には、トゥールーズ教会会議において、かの悪名高い「異端審問」という特設法廷が設置された。一二三三年には、グレゴリウス九世が、異端者の認定と処罰の権限を地域の司教の手から奪い、ローマ教皇に直属する異端審問官にそれを委託する制度を設けたのだった。

これは、異端審問が全盛を極めた後の時代になるが、「魔女狩り」も行われた。魔女狩りは、一五世紀から一八世紀まで続き、ヨーロッパでは四万人から六万人が処刑されたとされる。また、異端審問が盛んに行われた時代には、ユダヤ人もその対象となり、ユダヤ人狩りも行われた。

こうした異端審問や魔女狩りは、暗黒時代としての中世のイメージを強化するものであるが、異端として弾圧の対象となった勢力の信奉する教義も相当に極端なもので、そこに弾圧を生む素地があったとも言える。その点を見逃してはならない。

カタリ派に見るキリスト教の異端

ここでは、異端をカタリ派を中心に見ていくことにするが、カタリ派についての詳細な研究が、渡邊昌美『異端カタリ派の研究――中世南フランスの歴史と信仰』（岩波書店）である。そこでは、南フランスに広がったカタリ派が、いったいいかなる教義を信奉し、特異な組織を発展させていったか、その全体像が解明されている。

渡邊は、カタリ派の基本的な教義は二元論にあるとしている。二元論においては、善なる神と同時に悪神の存在が前提とされる。善なる神の方は、不変不朽、不可視の霊性を属性とし、その領域は霊界である。

一方、悪神は悪魔でもあり、それはつねに変転をくり返していく物質の世界、形而上の世界の存在であり、現実世界をその領域としている。興味深いのは、旧約の神は、現実世界を生んだ存在であるがゆえに悪神とされている点で、一般のカトリック教会では聖典として認める旧約聖書についてはもっぱら排撃の対象となる。

善なる神が創造した霊は、肉体という獄舎に捕らえられており、現世に繋がれている。イエス・キリストは、人間が善なる神によって創造された点で、聖なる起源を持っているということを証し、さらには救済を啓示するために来臨した天使であるが、「福音書」に記されたイエスの降誕、奇蹟、受難といった事柄は、あくまで幻であり、それも天使が物質にかかわることはないからである。そこから、カトリック教会で信奉される贖罪の教理や三位一体論が否定される。三位一体論は、キリスト教界全体で承認された基本的な教義であるにもかかわらず、カタリ派はそれを否定したのだった。

では、キリスト教の基本的な教義を次々と否定していって、どうしたら人間は救われるのだろうか。

救済のためには、キリストが樹立した教会、カタリ派の教団に加わって、厳しい戒律を守る必要があるとされる。その際に決定的に重要なことは、悪神が創造した物質の世界とできるだけ没交渉で生きることである。とくに肉欲と肉食は徹底的な憎悪の対象とされた。

ローマ教会は悪神が創造したものであるがゆえに、教会における秘跡、職階、諸制度、十字架、会堂、聖遺物、墓地などは全面的に否定された。社会生活についても、権力、家族、所有、生産などのいっさいには価値が認められなかった。もっとも極端なところでは、自殺が「耐忍礼」という形で制度化されるまでに至ったことにある。

現在のキリスト教徒が、こうしたカタリ派の教義に接するならば、果たしてこれはキリスト教なのかと疑問を感じるに違いない。実際、後世においては、カタリ派の思想は悲観主義、あるいは虚無思想としてとらえられ、キリスト教とは無関係の教説とされ、そこに仏教思想の影響があるという説まで生まれた。

「苦」からの脱出――カタリ派と仏教の共通点と違い

仏教では、基本的な教義として「四諦《したい》」ということが言われる。これは、苦という事柄が仏教の中心的な課題であることを示したもので、苦の代表が、生老病死からなる「四苦」と呼ばれるものである。

生老病死は、生まれること、老いること、病むこと、死ぬことという、人間が人生において避けては通れない事柄であり、仏教はそこから苦というものが生まれるという認識を示した。日本では、この生老病死のうち、老病死は苦として認識されたものの、生、生まれることについては、それが苦としてとらえられることは少ない。だが、カタリ派の場合には、まさに悪魔、悪神が生み出した現実の世界に生まれること自体に根源的な苦を見出そうとするものである。その点で、仏教思想との関連が指摘されても不思議ではないのである。

仏教では、生老病死にまつわる苦から解脱するために、悟りをめざすということが実践された。それは、釈迦が経てきた道にならうということでもあった。

しかし、現世が苦にまみれた世界であり、解脱して離れるべき対象であるとはされても、自ら命を絶つことが奨励されるまでには至らなかった。これは、後にも述べることになるが、仏教では「不惜身命《ふしゃくしんみょう》」ということが説かれ、教えのために、あるいは他の生命のために自らの命を犠牲にすることが奨励されたりはしたが、カタリ派のように自殺が好ましい宗教的な実践として制度化されるようなことはなかった。

カタリ派の源流となったボゴミリ派の考え方

カタリ派の源流となるものは、バルカン半島に生まれたボゴミリ派である。バルカン半島は、ヨーロッパ南東部にあり、現在の国名では、ギリシャ、アルバニア、ブルガリア、マケドニア、セルビア、モンテネグロ、クロアチア、ボスニア・ヘルツェゴビナ、及びトルコのヨーロッパ部分などが含まれる。ボゴミリ派は、そのうちブルガリア王国に発生し、周辺地域に拡大した。

渡邊は、このボゴミリ派について「中世東欧の二元論異端の中でも最大のもの」と評しているが、形而下の世界、物質の世界を悪に属するととらえ、「悪神をもって可視の世界の創造者となす」（テオフィラクトス）、「実に、彼らの唱えるところは何であるか。天空も大地も、そして目に見ゆるこの全世界も、神の創ったものではない」、「悪魔をもって人間およびあらゆる聖なる被造物の創造者となす」（ともにコスマス）という考え方に立っていた。

さらに、旧約聖書を排撃し、洗礼者ヨハネを最後の審判の前にあらわれるアンティキリストの前触れとして悪しき者ととらえる。カトリックの世界では、イエス・キリスト以上に崇敬を集めるようになる聖母マリアの実在を否定した上で、崇敬の対象とはしなかった。キリストの降誕、受難、復活も現実のことではないと否定された。当然のことながら、教会の制度、そこでの儀礼、あるいは聖遺物などの信仰は全面的に否定された。労働についても、この世のものとして価値が否定され、さらには世俗権力も否定された。その代わりに禁欲の戒律が徹底して重視されたが、なかでも生殖や肉そのものが悪として不浄視され、憎悪の対象になった。まさに、ボゴミリ派は、カタリ派の源流だったのである。

キリスト教会への批判として誕生した托鉢修道会

カタリ派が南フランスにおいてその勢力を拡大していくのは、一二世紀後半から一三世紀にかけてのことだった。ここで注目しなければならないのは、この時代において、従来の修道会とは異なる「托鉢《たくはつ》修道会」が創立された点である。

托鉢修道会としては、ドミニコ会やフランシスコ会があるが、ともに清貧ということを重んじた。托鉢修道会と呼ばれたのは、日々の食事を肉体労働や托鉢から得てきたからで、その際に金銭をもらうことはなかった。彼らは、貧しい者のなかに混じって生活し、その救済にあたった。それは、体制化したキリスト教会に対する批判としての意味をもっており、そこには教会の腐敗堕落といったことが関係していた。

托鉢修道会において、清貧が追求され、禁欲が実践されたことは、カタリ派やボゴミリ派に通じていくものであった。托鉢修道会は、異端による既存の教会の体制に対する批判に一定の意味があるととらえ、それを自殺の奨励といった極端な方向にむかわせないための試みでもあったととらえられるのである。

カタリ派が異端とされた最大の理由――「善と悪の二元論」

しかし、より本質的なことは、カタリ派の中心的な思想が、世界を善と悪に二分する二元論にあったことである。

ここで、私たちが是非とも念頭においておかなければならないのは、一神教の本質は一元論だということである。一神教の伝統では、この世界を創造した神は唯一とされ、その神が創造した世界も本来であれば善なる世界であると想定されている。人類の始祖であるアダムとエバが永遠の楽園であるエデンの園に最初住んでいたのも、その反映である。

ただ、現実には悪が生まれ、それをどう説明するのかということが問題になってくるわけだが、少なくとも、善と悪が二つの勢力として拮抗しているという二元論をとることはない。一神教は、つねに一元論が二元論へと変容していくことをいかに防ぐかという課題を抱えている。

その課題に対してどのように答えようとしてきたかは、この章の後半で述べることになるが、カタリ派が異端としてとらえられるのも、その本質が二元論にあるからである。そして、キリスト教の世界において、カタリ派のような異端が現れたときには、必ずやマニ教であるという批判が伴った。というのもマニ教は、善悪二元論を特徴としているからである。

異端の代名詞「マニ教」とは

マニ教と聞いても、多くの人はそれがどのような宗教であるのか、イメージすることさえ難しいであろう。なぜなら、マニ教は三世紀に誕生し、一時はその勢力を拡大し、中国にまで伝えられたものの、やがて消滅し、現在では存続していないからである。宗教というものは、一旦誕生すると、歴史を超えて生き残っていくものだが、マニ教は、その例外と言える。

マニ教はイランに生まれたもので、それに先立つイランの宗教としては、ゾロアスター教の存在があげられる。マニ教は、このゾロアスター教の影響を受けており、二元論についても同様である。エリアーデは、二元論をゾロアスター教やマニ教に共通するイランの宗教、ペルシアの宗教の本質的な特徴としてとらえており、その特徴については、「多くの二元論的体系の区分（宇宙論的、倫理的、宗教的二元論）、救世主の神話、洗練された『楽天的』終末論、善の究極的勝利と宇宙の救済の宣言、死者の復活の教義など」をあげている（『世界宗教史』第2巻、ちくま学芸文庫）。

歴史的には、ゾロアスター教の方がマニ教に比べてはるかに古い。ゾロアスター教を開いたとされるゾロアスターは、ペルシア語のザラスシュトラの英語読みであり、ドイツの哲学者フリードリッヒ・ニーチェの有名な著作『ツァラトゥストラはこう語った』のツァラトゥストラのことでもある。

ザラスシュトラは紀元前一三世紀の人物であるとも、紀元前七世紀の人物であるとも言われる。あまりに年代に開きがあるため、その歴史的な実在についてはかなり疑わしい。したがって、その生涯についてははっきりとしたことはまったく分かっていない。ゾロアスター教の聖典とされる『アベスタ』の「ガーサー」には、ザラスシュトラの直接の教えが含まれているとも言われているが、その確証はない。

その点では「ザラスシュトラは」という形で、その存在を主語にして語っていいのかが問題になるが、ザラスシュトラに仮託された『アベスタ』においては、世界の創造神として「アフラ・マズダー」の存在が想定される一方で、それに対立する悪霊として「アングラ・マインユ」の存在が想定されている。前者は善なる世界、生命、光を司《つかさど》り、後者は悪の世界、死、闇を司る。まさに善悪二元論である。なお、ゾロアスター教が、火を信仰の中心に据える「拝火教」とも呼ばれるのは、アフラ・マズダーが司る火が尊ばれるからである。

ここで注目されるのがアフラ・マズダーとアングラ・マインユの関係である。『アベスタ』

では、両者が根本的に対立するものの、対等な存在であるとされた。善と悪に優劣をつけないのがゾロアスター教の大きな特徴である。しかも、両者はもともと無関係な形で存在し、たまたまどこかで遭遇して、相争うようになったと考えられていた。

これは特異な善悪のとらえ方になるが、この善と悪との対立が歴史を形成する。ただし、その対立は永遠に続くものではなく、最終的には善の勝利に終わる。その点では、善の方が悪に比べて優位な立場にあるということにもなってくるが、勝利の時において、キリスト教の最後の審判のような鮮烈な出来事が伴うとはされていない。

創始者はどんな人物か

このゾロアスター教の影響を強く受けるなかで、マニによって説かれた宗教がマニ教である。後にマニ教は中国に伝えられるが、そこでは「摩尼教」と表記された。

マニは、二一六年にサーサーン朝ペルシアに生まれ、先行するゾロアスター教にとどまらず、さまざまな宗教の影響を受けていく。たとえば、彼の父親は、マニが四歳のときに啓示を受けてユダヤ教に改宗している。マニの妻の名は「マリヤム」で、聖母マリアに関連しており、キリスト教徒であった可能性もある。さらにマニ自身、二四歳のときに啓示を受け、インドを旅しており、現地では仏教やヒンドゥー教とも出会ったはずである。

したがって、マニ教には、ゾロアスター教だけではなく、ユダヤ教やキリスト教、さらには仏教やヒンドゥー教の影響がある。マニは、旧約聖書で語られた預言者が、アダムとイブの三番目の息子であるセトからはじまり、その系譜に属するエノシュやエノク、シェーム、さらにはブッダやゾロアスター、イエスへと続くものととらえ、最後に出現する救世主のパラクレートスこそ自分であるという立場をとった。マニは救世主としての自覚を持っていたのだ。

マニは、『シャプーラーカーン』をはじめとして、さまざまな書物を書き、それはマニ教が広まった地域の言語に翻訳された。こうした創唱宗教において、教祖自身が書物を書き記すことは希なことである。イエスもブッダも、自らが書いたものは残していない。ただし、マニの書いた原典は残っておらず、翻訳や他の書物において引用されたものしか伝えられていない。

マニは、これはキリスト教の影響ではないかとも思われるが、自分の教えを伝えることに熱心で、自ら外国での伝道に従事した。しかし、積極的に伝道活動を行えば、既存の宗教と対立することも多くなり、弾圧されることにもなっていく。マニは投獄され、最後には獄死した。どのような形で死を迎えたかについては、磔刑にされたとするものと、皮を剝がれたという言い伝えがある。

マニ教の世界観

マニ教の世界観は、ゾロアスター教の影響を受けており、基本的に善悪二元論である。世界は、善なる創造神によって創造されたものではなく、はじめに、「光明の父・ズルワーン」と「闇の王子・アフリマン」が存在していた。世界の創造と歴史は、この二つの存在の対立から生じる。

これは、イスラム教とも共通するが、ユダヤ教やキリスト教の影響で、アダムやイブ、イエス・キリストといった存在が、マニの語る物語のなかに登場するものの、翻訳に使われたことばの混乱もあり、物語は複雑でひどく錯綜したものになっている。

ここで注目される点は、マニ教においては現世否定、現世拒否の傾向が強く打ちだされている点である。そこにカタリ派との共通性がある。マニ教の場合には、そこにマニが直接に接したであろう仏教やヒンドゥー教の影響が考えられるが、それが善と悪との対立の物語にも深くかかわっていく。

重要なのは、善と悪の対立とともに、マニ教における二元論の特徴となる霊的なるものと肉体との対立である。それは、善悪二元論とも深く関係し、マニ教独特の世界観を形成することに結びついた。

マニは、人間はこの世に住み、肉体を与えられたことによって苦しんでいると考えた。これはまさに、仏教における煩悩の考え方に通じているし、カタリ派とも共通する。肉体を与えられたことで悪のいけにえになっている人間が唯一救われるとすれば、それは真の知識である「霊知」の獲得を通してである。これも仏教とは近いものの、カタリ派には見られないものである。こうした考え方はまさに、キリスト教の異端思想の代表でもされた「グノーシス主義」の思想と共通している。

仏教においては、ブッダが体験したとされる悟りがもっとも重視されるが、そこで得たものは霊知の獲得とも言えるのである。

聖職者に課せられた厳しい生活の戒律

それはさらに、マニ教徒に勧められた生活のあり方にも通じていく。マニは、人間は肉体を与えられた点で物質的な存在でありながら、同時に光の本質をもっているとした。その点で、人間は両義的な存在であり、自らのうちに救済へといたる可能性を見出していかなければならないのだ。

そのため、人間には数々の禁欲が課される。殺生や肉食を慎み、酒を控えるといったことは、仏教でも、あるいはユダヤ・キリスト教でも勧められる戒律だが、マニ教の場合には、それを極端なほど徹底させるところに特徴があった。

たとえば、植物の根を抜くことさえ殺生として禁止され、メロンやキュウリといった果物や透き通った野菜だけが好ましい食べ物とされた。さらに、快楽のために性的な欲望を満たすことが禁じられただけではなく、子孫を増やすことで物質的な世界を強化することも認められなかった。これもカタリ派に通じていく。

ただし、マニ教で厳格な禁欲を課されたのは、「アルダワーン」と呼ばれる神によって選ばれた聖職者だけで、一般の信者にはそれほど厳しい戒律は課されなかった。一般の信者、つまりは在家の信者には、性交や肉食が許されたが、その代償として輪廻転生が運命づけられ、聖職者を経済的に支えることで功徳を積まなければ、聖職者に生まれ変わることはできないとされた。こうしたアルダワーンと一般の信者の関係は、在家が功徳を積まなければならない点で東南アジアのテーラワーダ仏教における出家と在家の関係にも似ている。

一神教の抱える根本的な矛盾と悪の存在

善悪二元論をことさら強調するマニ教が台頭してきたのは、それがイラン宗教の伝統であったからである。その源流はゾロアスター教に求められる。カタリ派のようなキリスト教の異端が、こうしたイラン（ペルシア）の宗教の影響を直接受けたかどうかは定かではないが、古代のキリスト教の世界では、異端の源流をマニ教に求める動きはあった。そして、その後のキリスト教の歴史において現れた異端は、常にマニ教の名を与えられたのである。異端がマニ教と呼ばれたのは、異端の教えの特徴が善悪二元論にあると見なされたからである。善悪二元論は、すでに述べたように、一神教の一元論とは根本的に対立するもので、その基盤を脅かす危険性を孕んでいた。だからこそ、キリスト教会は、異端を撲滅することに力を注いだのである。

しかし、キリスト教の世界に絶えず善悪二元論の異端が出現したということは、実は一神教には根本的な矛盾があり、必然的に善悪二元論を生むことになるからではないだろうか。

一神教では、唯一絶対の善なる存在である創造神がこの世を創造したとされ、それが根本的な前提になっている。ところが、善なる神によって創造された世界には悪が存在するわけで、人間はそれによって苦しめられている。なぜ善なる神が創造した世界に悪が存在しなければならないのか。そうした問いが生まれてこざるを得ないところに、一神教が抱える根本的な矛盾があった。

この矛盾に対して、一神教はそれを解消する答えを見出していかなければならなかった。一つの答えは、悪の根源を悪魔に求め、その悪魔は天使が堕落したものだという解釈をとることだった。世界にはもともと悪は存在しない。しかし、天使の堕落によって悪魔が生まれ、それが悪を生み出すことになったというのである。

同じことは、とくにキリスト教において強調された「原罪」の観念の変遷に示されている。人間は神によって創造された存在であり、その時点では、いっさいの悪を免れた善なる存在であったはずである。

ところが、エデンの園にいた人類の始祖であるアダムとエバは蛇によって誘惑され、神によって食べることが禁じられた木の実を食べてしまう。蛇は、この木の実を食べれば、神と同じように善悪を知ることができると誘惑したのだった。

「創世記」に記されているのはそこまでである。人が神の命じたことに背くという話は、世界中の神話に見られるもので、これもその一種と考えられる。ただ、キリスト教会は、木の実を食べたアダムとエバが、それまで裸でいても少しも恥ずかしがらなかったのに、急に恥ずかしくなって陰部を隠したと記されていることから、木の実を食べたことで二人は性的な快楽を知ったものととらえ、そこに性的な堕落を見出そうとした。これは、「創世記」をそのまま読んでも出てこない考え方で、後世に生み出されたものである。

また、エデンの園を追放されて以降、アダムとエバを始祖とする人類は労働と死を免れることができなくなったと記されているため、キリスト教会は、性的な堕落を根源的な罪の発生ととらえ、それを「原罪」として位置づけるようになる。原罪の観念の確立には、アウグスティヌスが貢献した。

しかも、アダムとエバを誘惑した蛇は、悪魔であるとされるようになり、原罪の重さがよりいっそう強調されるようになっていく。ただし、いつから誘惑した蛇が悪魔、サタンであるとされるようになったのか、はっきりとしたことは分かっていない。

キリスト教会は、こうした原罪に対して、イエス・キリストの死と復活による「贖罪《しょくざい》」の観念を強調するようになり、それは、やがて訪れる最後の審判における人類全体の救済、原罪からの解放を約束するものであるという教えを確立していく。

「原罪」の観念の強調が招くさらなる矛盾の拡大

ところが、キリスト教が各地に広まりはじめた時点では、すぐにでも訪れると考えられていた最後の審判はなかなか訪れなかった。それは、教会による予言が効力を失ったことを意味したはずだが、キリスト教の信仰が全面的に信憑性を失うことにはならなかった。

逆にキリスト教会は、そうした状況を利用し、罪からの解放は、信者が教会に対して信を尽くすことによってなされるとし、具体的な手段として七つの秘跡《ひせき》（ゆるし）を用意した。とくに、懺悔・告悔の制度は、キリスト教の聖職者である神父に罪を告白すれば、それで神による罪の許しが与えられるとするもので、手軽な救済の方法として民衆には歓迎された。さらに教会は、金さえ支払えば罪からの救いがもたらされるとし、「贖宥状《しょくゆうじょう》」（いわゆる免罪符）を発行するまでに至る。それは宗教改革を生む一つの要因にもなっていくが、教会は原罪の観念を強調することで、信者の囲い込みに成功するのである。

ただ、このように原罪の観念が強調され、その背後に悪魔の存在を想定することは、悪を実体化していくことにつながる。そうなると、キリスト教は、イランの宗教と同様に、善悪二元論の傾向を帯び、それは神の絶対性を脅かすことにもつながっていく。そうなれば、カタリ派のような善悪二元論を説く異端を否定する根拠を失ってしまうことになるのである。

マニ教やゾロアスター教の衰退

第5章において、キリスト教会の最大の教父であるアウグスティヌスが、もともとはマニ教の信者で、彼にとっての神学の目的が、マニ教の善悪二元論を克服することにあったことを指摘した。実はこの課題は、アウグスティヌスのみならず、その後のキリスト教神学においても最重要の課題だった。キリスト教が二元論に陥ってしまえば、それは、キリスト教が一神教の枠のなかから逸脱していくことを意味する。そうなれば、正統と異端という区分もできなくなってしまうのである。

実際、キリスト教は、マニ教という形で外部にある善悪二元論の宗教と対峙しただけではなく、その内部に、カタリ派のような善悪二元論の異端を抱え込むことになったわけである。

イランの宗教の場合、ゾロアスター教は、アケメネス朝、セレウコス朝、アルサケス朝、サーサーン朝と、ペルシアに生まれた王朝のなかで受け継がれ、発展を遂げるとともに、サーサーン朝などでは、国教としての地位を得るまでに至る。

しかし、イスラム帝国がその勢力を拡大し、ペルシアにもイスラム教が広まるようになると、ゾロアスター教はしだいに衰退するようになっていく。しかも、それ以前の段階で、マニ教やキリスト教が拡大していくなかで、すでにゾロアスター教は次第に劣勢になっていた。

一方、マニ教は、ペルシアを中心にその勢力を拡大していったものの、サーサーン朝でゾロアスター教が国教と定められると弾圧された。また、ペルシアの国を超えてローマ帝国にも広がっていき、一時は、キリスト教と覇を競ったものの、やはりキリスト教がローマ帝国の国教として認められると、厳しい迫害を受けることとなった。

こうして、ゾロアスター教は勢力を失い、マニ教の方はやがて消滅していくようになる。実は、インドから中国に仏典をもちかえるためにシルクロードを旅した玄奘三蔵《げんじょうさんぞう》（『西遊記』の三蔵法師のモデル）は、各地でゾロアスター教やマニ教が信仰されている姿に接している。サマルカンドなどでは、仏教はまったく信仰されておらず、もっぱら「祆教《けんきょう》」と呼ばれたゾロアスター教が信仰されていた。その後唐の都の長安には、「景教」と呼ばれたキリスト教ネストリウス派やゾロアスター教とともに、マニ教の寺院も建立されている。だが、中国においても、こうした教えは結局根づかず、やがて消滅していくことになる。

善悪二元論に陥ったキリスト教

キリスト教にとってはもっとも困った存在であるマニ教は消滅し、内部の異端であるカタリ派についても、それがあまりに極端な教えであったため、やがては力を失っていく。そこには、異端審問などによって徹底的に迫害され、信者が処刑されたことも影響していた。キリスト教会は、カタリ派の存続を絶対に許そうとはしなかったのである。

その代わりに、すでに述べたように、清貧を重んじることで、物質主義に流れた現実の社会を否定する現世拒否の姿勢を托鉢修道会という形で許容することで、カタリ派に結集した人々が求めていたところを、制度のなかに取り込んでいったのだ。

しかし、そうしたことを試みたからといって、キリスト教は、神が創造したはずの世界になぜ悪が生まれるのかという根本的な問いに対して最終的な回答を用意できたわけではない。かといって、魔女とされた人間たちのように、悪魔の側について、悪の勢力を拡大するために善なる世界を破壊するという行為に出る者が次々と現れたというわけでもない。魔女として告発された女性たちは冤罪であった可能性が高い。

けれども、悪魔という存在を想定することは、自分たちがつねに悪の勢力によって脅かされ、ときには攻撃されることもあるという怖れを生むことになる。異端審問や魔女狩りがくり返され、多くの犠牲者が生まれたのも、そうした怖れが強まっていたからである。

そうなると、根源的には、唯一絶対の存在を立てること、この世界は善なる神によって創造されたものだという前提自体が大きな問題をはらんでいることになる。それは、一見すると、すべてが調和し、平和に満たされた善の世界を生むことにつながりそうにも思える。実際、神を信じる人々は、そうした事態の訪れを望んだ。

ところが、世界は善なる神によって創造されたと信じるだけでは、そうした世界が実現することはない。目の前に立ち現れては崩れ、かえって悪の存在を呼び寄せることになる。

たとえば、新約聖書の「福音書」のうち、「マルコによる福音書」と「ルカによる福音書」において、洗礼者ヨハネから洗礼を施されたイエスは、サタン、ないしは悪魔によって誘惑を受ける。このサタンという存在は、何の前触れもなく、イエスの前に現れるのだが、旧約新約を問わず、聖書のどこを見ても、サタンがいかにして生まれたかは説明されていない。

しかも、これは、ある意味不気味なことだが、最後の審判について記した「ヨハネの黙示録」においてさえ、悪魔は火と硫黄の池に投げ込まれ、そこで「昼も夜も世世限りなく責めさいなまれる」とはされているものの、死滅したとは述べられていない。あるいは、その池から逃れ、ふたたび地上にあらわれる可能性も捨てきれない。そこには、地上から悪を一掃することの困難さが示されている。

結局のところ、キリスト教という宗教は、本当の意味では一元論を確立することができず、善悪二元論に陥ってしまったとも言える。

そこには、キリスト教が三位一体論を教義としたり、聖者崇拝や聖母マリアに対する崇拝、崇敬を許容し、多神教的な方向へむかったことも影響していた。一神教から逸脱して多神教の方向へむかえば、そのなかに悪神が登場しても不思議ではない。しかも、キリスト教には悪魔を実体化してとらえる傾向が見られるわけで、その点でも、善悪二元論への傾斜は必然なのである。

「悪」が存在する限り殺戮の歴史は終わらない

善悪二元論をとるかぎり、悪の存在がつねに前提とされる。しかも、その悪は、悪魔として表象されるように根源的な存在であり、究極的にこの世界から消し去ることができないものである。そして、こうした善悪二元論に立つ者たちは、自分たちに敵対する人間や勢力が出てきた場合、それを悪魔と呼んで、激しく非難し、攻撃をくり返す。

十字軍の場合にも、悪魔の支配下にあるイスラム教の勢力を聖地エルサレムから排除することが目的とされたし、アフリカの土着宗教に対しても、それを悪魔の教えとしてとらえた。さらに、戦後において、冷戦構造が強化され、東西の共産主義・社会主義と資本主義・自由主義の対立が深まったとき、資本主義の側は、共産主義を悪魔の勢力としてとらえたのだった。

その点に関連して、政治学者の丸山眞男は、戦後のアメリカにおける「赤狩り」（共産主義者の摘発）について論じた「ファシズムの現代的状況」（古矢旬編『超国家主義の論理と心理 他八篇』岩波文庫）のなかで、次のような指摘を行っている。

> こういうように「正統」と「異端」という考え方が社会的に蔓延すれば、別に国家権力による直接的弾圧をしないでも、つまり、憲法の建て前の上では言論・集会・結社の自由がちゃんと認められていても、人々は「赤」や「同調者」とみられることの恐怖から自発的に触らぬ神にたたりなしという態度をとるようになり、（中略）さらに次の段階には、「沈黙の自由」もなくなって、大声をあげて俺は反共だと怒鳴らないと完全に安全ではない、ということになる（傍点は著者）。

丸山は、あくまでアメリカにおける赤狩りについて述べているわけだが、正統と異端の区別を厳格に行うキリスト教社会には、潜在的にこうした傾向がはらまれている。

正統と異端という区分けが存続するかぎり、二元論から脱することはできない。そこに、外部でも内部でも、敵対する勢力を殲滅し、殺戮しなければならない根本的な動機が存在するのである。

第8章

聖戦という考え方

「殺せ」か「殺すな」なのか

神は、そもそも矛盾した存在である。

ユダヤ人の神エホバは、シナイ山においてモーセに対して十戒を授けるが、そのなかには、「殺してはならない」という戒めが含まれていた。神は、人間に対して人を殺すことを禁じているのである。

この十戒については、モーセ五書のなかに含まれる「申命記《しんめいき》」でもくり返されている。モーセはイスラエルの人々をすべて呼び集め、彼らに向かって、十戒の内容を告げ、それが神によって命じられた「戒めと掟と法」であることを強調した。そして、モーセは、「イスラエルよ、あなたはよく聞いて、忠実に行いなさい。そうすれば、あなたは幸いを得、父祖の神、主が約束されたとおり、乳と蜜の流れる土地で大いに増える」と宣言したのだった（第6章1〜4節）。

これを聞く限り、神は人殺しを真っ向から否定したように解釈できる。ところが、次の第7章で、モーセは、それと真っ向から対立するようなことを言い出すのだった。

「あなたが行って所有する土地に、あなたの神、主があなたを導き入れ、多くの民、すなわちあなたにまさる数と力を持つ七つの民、ヘト人、ギルガシ人、アモリ人、カナン人、ペリジ人、ヒビ人、エブス人をあなたの前から追い払い、あなたの意のままにあしらわさせ、あなたが彼らを撃つときは、彼らを必ず滅ぼし尽くさねばならない。彼らと協定を結んではならず、彼らを憐れんではならない」(1〜2節)

これは、神が述べたことではなく、モーセが述べたことである。したがって、神の直接のメッセージとは言えないが、モーセはユダヤ人全体の指導者であり、神のメッセージを伝える存在にほかならない。したがって、モーセの言ったことは、神からのメッセージと受けとるべきだが、ここでは、「殺してはならない」という戒めとは根本的に異なることが述べられている。

これが、「彼らがあなたを撃つときは」であったなら、正当防衛の主張と見ることもできる。ところが、撃つ側はあくまでユダヤ人の側とされており、撃つということは、他の民族を全滅させることを意味している。

同じ「申命記」第7章の16節でも、「あなたの神、主があなたに渡される諸国の民をことごとく滅ぼし、彼らに憐れみをかけてはならない」と、モーセは述べている。他民族の殲滅《せんめつ》を、モーセははっきりと呼びかけているのである。

一方で神は殺すことを禁じ、その一方では逆に殲滅が呼びかけられている。これは明らかに矛盾している。ただし、神の「殺してはならない」という戒めが、ユダヤの同胞に対する殺人を禁じたものと考えれば、二つは両立する。神は、同胞は殺してはならないと命じているが、自分を神として受け入れない他の民族については、それを滅ぼし尽くすことを命じているというわけである。

恐怖の神から、慈愛深き神へ

カレン・アームストロングは、『聖戦の歴史——十字軍遠征から湾岸戦争まで』（塩尻和子・池田美佐子訳、柏書房）において、聖戦という考え方のはじまりを、このモーセのことばに求め、今引いた「申命記」の記述について、次のように述べている。

「ユダヤの聖戦には平和的共存、相互尊敬、平和条約などは問題外だった。小さなユダヤ王国は中東地域の偶像崇拝という大海に浮かぶ真実の宗教の小島であった。宗教的に包囲されている状態であり、当然ながらきわめて危険だった。少しでも自信をもつためには、イスラエル人は彼らの敵と戦って滅ぼしてしまうほかはなかった」

キリスト教の旧約聖書の最初の部分、ユダヤ教で言えばトーラーは、古代のイスラエルについての神話的な物語だが、そこに登場する神は、決して愛情深く寛容な神ではない。少しでも自分に逆らう者があれば、それを全滅させることも辞さない恐ろしい神である。その物語自体が、この本の主題である「殺戮の宗教史」そのものであるとも言える。

そうした神のあり方は、キリスト教にも、イスラム教にも受け継がれてはいくものの、キリスト教では、「愛の神」という側面が強調されるようになる。それは、神として地上にあらわれたイエス・キリストによって体現されていると主張された。

一方、イスラム教では、神の絶対性が強調されるとともに、コーランのそれぞれの章は、ほとんどが「慈悲ふかく慈愛あまねきアッラーの御名において」ではじまっており、神の慈悲の深さ、人間に対する愛情の深さということが強調されている。

神が絶対の存在であれば、人はその前においてひたすら無力であるしかない。人が神の力に対抗することも、それを抑えることも不可能である。そうなると、人間の生は虚しいものになってしまう。そこで、コーランにおいては、神がいかに慈悲深い存在であるかがくり返し強調されているわけである。

異なる信仰をもつ人間と共存するために

さらに、これは第3章でもふれたが、イスラム教には「啓典の民」という考え方がある。啓典の民という対象は、当初、信仰する神を共通にするユダヤ教徒とキリスト教徒に限られていた。ムスリムの政権は、この啓典の民と契約を交わし、彼らが人頭税を支払う限り、その生命と財産の安全、そして信仰の自由を保障したのである。

その契約とは、コーランを中傷したり改竄したりしないこと、ムハンマドやイスラム教を誹謗中傷したり軽蔑しないこと、ムスリムの女性と姦通したりしないこと、イスラム教から離れるようムスリムを誘ったり、その財産や信仰に危害を加えないこと、イスラム教の敵対者を助けないことなどである。

ただし、イスラム教の政権が征服した地域が拡大していくと、そこには、ゾロアスター教徒や仏教徒、ヒンドゥー教徒が含まれていたことから、彼らも啓典の民として認められるようになっていく。

おそらくこれが、異教徒のイスラム教への改宗を促したものと考えられる。というのも、イスラム教に改宗すれば、人頭税の支払いは必要なくなるし、よい官職を手に入れることに道が開かれるからである。

キリスト教では、第6章でも述べたように、福音ということが強調され、キリスト教の信者に対しては、それを述べ伝えていくことが義務として課されている。したがって、キリスト教では、伝道師、布教師という存在が重要な役割を果たすのである。

これに対して、イスラム教には、この福音にあたる考え方はないし、伝道師や布教師という存在も生まれなかった。それでも、イスラム教を信仰する人間が増えていったのは、やはり税金の問題が大きかったのではないかと考えられるのである（啓典の民については、前掲『イスラームの歴史1』を参照）。

この点では、イスラム教においては、異なる信仰をもつ人間と共存するための方法論が確立されていたと見ることができる。これに対してユダヤ教やキリスト教には、そうした仕組みは生まれなかった。

互いを受け入れ難いユダヤ教、キリスト教、そしてイスラム教

ユダヤ教はユダヤ人のみが信仰する民族宗教なので、基本的には他の信仰をもつ者が改宗するということは考えられないが（アメリカなどでは、現実には結婚などによってユダヤ教に改宗するキリスト教徒もいる）、キリスト教は、改宗を積極的に促す宗教である。

キリスト教には、啓典の民のような考え方は生まれなかった。ユダヤ人について、キリスト教の側は、イエス・キリストを殺した民族というとらえ方をしたことが影響していた。これは、イエスもまたユダヤ人であるという事実を無視した考え方だが、それがユダヤ人差別に結びついた可能性が考えられる。そのため、ヨーロッパのユダヤ人は、キリスト教の社会のなかで、「ゲットー」という閉鎖された空間のなかに閉じ込められた。

イスラム教の側は、その成立事情から、ユダヤ教とキリスト教を先行する宗教ととらえ、だからこそ、啓典の民として一定の仲間意識を持ったわけだが、キリスト教の側からすれば、後発のイスラム教に対してそうした意識を持つことはなかった。しかも、イスラム教には豚肉を食べてはならないなどの食物規定があり、その面で相いれない。ヨーロッパにおけるイスラム

教徒の移民が、現地に溶け込めず、差別を受けるのもそうしたことが関係している。

「ジハード」の解釈をめぐって

ただ、第2章でも述べたように、昔から「剣かコーランか」ということばがあり、イスラム教は好戦的な宗教、戦闘的な宗教であるというイメージが作り上げられ、テロ事件が頻発することによって、そのイメージは強化されている。

その際に、「剣かコーランか」を裏づけることばとして取り上げられるのが、イスラム教における「聖戦」という考え方である。聖戦のアラビア語が「ジハード」であり、アメリカでの同時多発テロを含む自爆テロは、このジハードの実践として解釈されている。

ただ、ここでも、イスラム教にかんする用語が、固有名詞ではなく普通名詞であるという問題がかかわってくる。ジハードは、本来、努力や奮闘の意味であり、直接に聖戦の意味を持っているわけではない。

しかも、イスラム教では、ジハードを「大ジハード」と「小ジハード」に区別している。大ジハードの方が聖戦を意味し、小ジハードが努力や奮闘を意味するように思われるかもしれないが、実際は逆である。大ジハードとは、自分の弱いこころを乗り越えることであり、その点で「克己《こっき》」という意味合いが強い。ムハンマドの言行録であるハディースには、いちばん大切なジハードは自己との戦いであるということばも出てくるので、大ジハードの方が重視されていた。だからこそそれは小ジハードではなく、大ジハードとされているのである。

それに対して、小ジハードの方は、イスラム教外部の勢力との戦いのことをさし、武力を用いての戦争の意味を持たされている。

小ジハードについては、それを実践することが天国へのいちばんの近道であると考えられている。ただ、イスラム教では、自殺ということは否定されており、自殺した人間は永遠に地獄の火で焼かれることになっている。そこには、イスラム教における基本的な信仰である六信のなかの「定命《じょうみょう》」ということが関係しており、人間の命は神の手にすべて委ねられている以上、人間が勝手にそれを始末してしまうことは間違っているとされているわけである。

したがって、自殺ということを含む自爆テロはジハードによる殉教とは本来見なされないことになる。中田考は、これについて、「ジハードとは自殺でも自爆テロでもなく、あくまで戦闘であって、戦い抜いた結果死ねば天国に行けるというのがイスラームの教えです」と述べている（前掲『イスラーム　生と死と聖戦』）。

さらに中田は、イスラム法では、ジハードは異教徒の攻撃からの自衛に限定されるものであるとする。ハディースにおいては、敵を焼き殺すことが禁じられているのに対して、現代の戦争で使われる武器は、人を焼き殺すものばかりなので、「大量破壊兵器を用いる現代の戦争は、あからさまにイスラームの倫理に反するのです」と言うのである。

こうした留保はあるものの、十字軍に対する戦いなどは、まさにジハードであるということになる。それは、イスラム教を守るための自衛の戦いである。

ただし、アミン・マアルーフの『アラブから見た十字軍』（牟田口義郎・新川雅子訳、ちくま学芸文庫）によれば、エルサレムが最初に攻撃され、甚大な被害が出たとき、それはイスラム教徒にとっての恥辱ととらえられたものの、すぐに十字軍という侵略者に対する反撃が試みられたわけではなかったという。最初に本格的な反抗を行ったのは、イマードゥッディーン・ザンギーという武将で、その反抗は、エルサレムが占領されてからおよそ半世紀後のことだった。イスラム教の側は、十字軍に対する対策など立てていなかった上に、対抗できるだけの武力も備えていなかったからである。

カリフの役割とは

では、イスラム教の世界において、自衛ではない戦闘は完全に否定され、許されることはないのだろうか。

それについて中田は、「ダール・アル＝イスラーム（イスラーム法が施行される空間）を拡大するためのジハードは、ムスリムの権威である『カリフ』の命令が必要となります」と述べ、カリフについて言及している。

このカリフということばは、アラビア語で「代理人」を意味している。何の代理人であるかと言えば、それは、預言者ムハンマドの代理人ということであり、イスラム教の世界における最高の指導者、最高の権威のことをさす。

実は、このカリフという存在は、イスラム国（ＩＳ）の問題を通して改めて注目を集めることとなった。というのも、イスラム国（ＩＳ）の樹立が宣言されたときに、アブー・バクル・バグダーディーという人物が自らカリフであると宣言したからである。

ダール・アル＝イスラームは、イスラム法が施行された空間のわけだが、たんにイスラム教が広がった地域という意味ではなく、イスラム法が厳格に施行された地域を意味する。したがって、これまで実際に存在したものではない。中田は、それを「規範的な概念」と呼んでいる。

ただ、歴史上一番それに近いのが、預言者ムハンマドとその後継者が築き上げたイスラム国家である。ムハンマドが亡くなってからは、その親友でもっとも古くからの信徒であるアブー・バクルが後継者と定められた。これがカリフである。カリフは、預言者とは異なり、新たに法をもたらす存在ではなく、ムハンマドがもたらした法に従うことを役割としている。

このカリフとなったアブー・バクルは、ムハンマドの死後、いったんは乱れかかったイスラム国家の絆を取り戻し、アラビア半島をふたたび統一するという仕事をやりとげる。

アブー・バクルの死後は、やはり古くからの信徒であったウマルがカリフの地位を継ぎ、その時代に、イスラム教は周囲の地域を次々に征服していく。それは、やはり古くからの信徒であった三代目のカリフ、ウスマーンにも受け継がれ、イスラム圏は大きく広がった。ウスマーンがなした重要なこととしては、コーランの編纂があげられる。

ただ、ウスマーンは、自らの出身であるウマイヤ家の人間を重用し、それによって周囲の不満をかい、殺されてしまう。

その後を継いだのが、ムハンマドのいとこのアリーだが、その時代に内乱が起こり、アリーも暗殺されてしまう。

ここから、今日のイスラム教の二大宗派であるスンナ派とシーア派の区別が生まれることになる。スンナ派では、アリーを暗殺したムアーウィヤの子孫にカリフの地位は世襲されるようになり、ムアーウィヤもウマイヤ家であったため、それはウマイヤ朝と呼ばれた。

一方のシーア派は、アブー・バクルからウスマーンまでの三人はアリーから正統な後継者の地位を奪ったとして、彼らをカリフとは認めず、アリーを初代とするイマーム（シーア派における最高指導者）の地位は、その子孫に受け継がれたとする。シーアとは党派の意味である。

ただ、スンナ派においては、ウマイヤ朝の後はアッバース朝にカリフの地位は受け継がれていくが、やがてその権威は失墜し、ついに、二〇世紀のはじめにオスマン帝国が滅亡すると、カリフ制は廃止されてしまった。それが一九二二年のことだから、一〇〇年近くにわたって、イスラム世界にはカリフが不在であるということになる。

そこで、イスラム国（ＩＳ）のアブー・バクル・バグダーディーが自らカリフであると宣言したわけだが、彼が本当のカリフであると言えるかどうかはかなり難しいところである。

カリフの条件

カリフの条件としては、まず第一に、預言者ムハンマドと同じくクライシュ族の男系の子孫であることが条件になっている。現在でも、アラブの世界は部族社会であり、誰がどの部族に属しているかは周知の事実になっている。バグダーディーがクライシュ族であることは明確で、その点では条件にかなっている。

ほかに、心身ともに健康であるとか、公正であるとか、賢明であるとかいったことが条件になっているが、いずれも抽象的で、明確で具体的な基準を伴っているわけではない。

一番問題なのは、カリフを選び出す仕組みというものが、組織というものがないイスラム教の世界には存在しないことである。つまり、ある人間がカリフであると名乗り出たとき、それを認めるかどうか、そうした仕組みがまったく存在しないのである。

キリスト教のカトリックの場合には、その頂点に立つローマ教皇を選出するための手続きは明確に定められている。バチカンに全世界から枢機卿《すうききょう》が集まり、その投票で選出されるわけである。この選出の結果は、カトリックであれば、誰もが承認しなければならないものである。

ところが、イスラム教のカリフについては、そうした仕組みはいっさい整えられていない。それは、いかにもイスラム的なことではあるが、結局は、全世界のイスラム教徒が、その人間をカリフと認めたときに、その人間はカリフとなるとしか言えない。今のところ、バクダーディーがイスラム教徒全体の承認を得ているとは言えない状態にあることは間違いない。イスラム国（ＩＳ）の存在自体が、他のイスラム教の国々から承認されていないからである。

話はジハードに戻るが、今のところカリフが不在である以上、ダール・アル＝イスラームを拡大するための戦闘をジハードとして実践するための条件は整っていないということになる。

しかし、イスラム国（ＩＳ）では、バクダーディーをカリフとして立て、そのもとに行っている残虐さを伴う戦闘行為をジハードととらえ、そこに信仰上の価値を与えているのである。

「ジハード」は「聖戦」ではない

ジハードということばは、もともとアラビア語で努力や克己を意味する普通名詞であるわけだが、アラビア語を理解しない人間からすれば、それはあたかも固有名詞であるかのように聞こえる。そして、そこに神聖な戦いという意味で、聖戦ということばが与えられることになる。英語で言えば、聖戦は“Holy War”である。

ただ、本来のイスラム教の考え方からすれば、聖戦というとらえ方は成り立たないはずである。イスラム教においては、キリスト教や仏教とは異なり、聖なる世界と俗なる世界とを根本的に異なるものとして区別する傾向は存在しないからだ。その点については第3章でふれた。

したがって、コーランを聖典と呼ぶことも、カーバ神殿のあるメッカを聖地と呼ぶことも、さらには、イマームを聖職者と呼ぶことも、それ自体がイスラム教の根本的な原理から逸脱することになる。

聖戦ということばを使って、イスラム教を守る、あるいは広めるための戦いを神聖なものとすることは、信者にとっての義務であるかのようなイメージでとらえられる。しかし、組織というものがないイスラム教の世界では、義務ということにもならない。それをジハードとして実践するかどうかということは、あくまで個人の信仰に任されている。他から強制されるべきものではない。その点でも、イスラム国（ＩＳ）のやり方は、イスラム教の原則を根本から逸脱していることになる。

ただ、逆に、組織のないイスラム教の世界においては、信仰の実践は個人の自由に任されており、その人間がそれをジハードとして認識すれば、それがジハードになるという面がある。正しいジハードというものが成立しないかわりに、間違ったジハードというものも、原理的にはあり得ない。そこに、イスラム教特有の難しい問題がある。

腐敗したイスラム政権打倒は「聖戦」か?

ここに、イスラム教の原理から聖戦と言えるかどうか、判断が難しい事柄がある。それが、イスラム教の国における政権が腐敗したとき、それを打倒する戦いも聖戦として認められるのかどうかということである。

イスラム教における聖戦は、ダール・アル＝イスラームを自衛するものであることが基本で、それを拡大するための戦いの場合には、カリフによる命令が必要であると中田は述べていた。それからすれば、イスラム政権を打倒する戦いは、ジハードの範疇から外れることになってしまう。

実は、それもジハードに含まれるととらえた思想家がいた。それが、イブン・タイミーヤという一三世紀から一四世紀にかけてのイスラム法学者である。このイブン・タイミーヤの思想は長く忘れ去られていたが、現代に甦り、いわゆるイスラム教原理主義の思想的なバックボーンの役割を果たしている。

このイブン・タイミーヤが自らの思想を構築しようとした際に、大きな影響を与えたのが、モンゴル帝国の進出という事態だった。

モンゴルの来襲ということは、日本でもこの時代に経験したわけだが、一三世紀の半ば、イランを中心とした地域に、モンゴル帝国の地方政権としてイルハン朝が成立する。この政権を樹立したのは、チンギス・ハーンの孫のフレグである。

イルハン朝の第七代君主となったのがガザン・ハーンで、その在位期間は一二九五年から一三〇四年にあたる。このガザンが君主に即位したとき、イルハン朝では内紛や政変が起こっていて、ガザンも、従兄弟を殺害することによって即位している。

そうしたなかでガザンは、支配体制を再構築し、財政基盤を安定させることで、王朝を安定と繁栄に導いていくが、その際、自らがイスラム教に改宗した。もともとガザンの家では仏教、とくにチベット仏教を信仰していて、仏教寺院の建立も行っていたが、イルハン朝の支配地域ではしだいにイスラム教が勢力を拡大し、モンゴル人のなかにもイスラム教に改宗する人間が増えていった。そこでガザンは、そうした人々の支持を得るためにイスラム教に改宗し、それ以降のイルハン朝はシーア派の信仰にもとづくイスラム教の政権となる。

ところが、イブン・タイミーヤは、このガザンのイスラム教への改宗に疑いの目を向けた。彼は、イルハン朝とは対立関係にあったスンナ派のマムルーク朝の軍に従軍する法学者でもあったため、イルハン朝のモンゴル人は、表向きはイスラム教徒だが、その中身は違うと主張した。そして、本当のイスラム教の政権でなければ、それを打倒することはいっこうにかまわず、ジハードにあたるという論理を打ち立てた。これによって、イスラム教の政権でも、その内容いかんでは聖戦の対象になるという考え方が生まれたのである。

これは、ジハードの概念に革新をもたらすものであった。

一方でタイミーヤは、神の絶対性を強調し、シーア派やイスラム教の神秘主義に対してはそれに反対する立場をとった。イスラム法の法源として、もっぱらコーランとハディースによるべきだとし、その上で厳格にイスラム法に従うべきことを強調した。タイミーヤの姿勢は、信仰の純粋さを徹底して追求する点で、過激であり、そのため周囲とは対立し、何度も投獄された結果、最後には獄死している。

イブン・タイミーヤには、五〇〇以上の著作があり、その内容もコーラン解釈から、ハディースやイスラム法について広範な問題に及んでいるが、死後にその思想は長い間顧みられることがなかった。

後世に影響を与えたタイミーヤの思想

それをふたたび取り上げたのが、一八世紀に、アラビア半島内陸のナジュドというところで起こったイスラム教の改革運動、ワッハーブ派だった。その創始者が、ムハンマド・ビン・アブドゥル・ワッハーブである。

スンナ派の法学には、四つの公認法学派があり、それはハナフィー派、マーリキー派、シャーフィイー派、ハンバリー派に分かれる。どの派においても、コーラン、ハディースに記録されたムハンマドの言行であるスンナ、イスラム教法学者のウラマーによる合意であるイジュマー、そして、やはり法学者による類推であるキヤースを重視する点で共通する。だが、ハンバリー派では、コーランとスンナを主に用い、イジュマーとキヤースについては、それをあまり用いない伝統が形成されていた。

ムハンマド・ビン・アブドゥル・ワッハーブの家は、代々そのハンバリー派に属していて、彼は、その流れに属するイブン・タイミーヤとその弟子、イブン・カイイム・ジャウジーヤの思想から強い影響を受けた。要は、コーランとスンナに示されたもの以外は信仰から逸脱したものととらえ、さまざまな神学や神秘主義、そして聖者崇拝などを排除するのが、このムハンマド・ビン・アブドゥル・ワッハーブの思想だった。サウジアラビアという国は、ムハンマド・ビン・アブドゥル・ワッハーブの思想にもとづいて建国された。そこからサウジアラビアのイスラムは、ワッハーブ派と呼ばれるようになったのである（このムハンマド・ビン・アブドゥル・ワッハーブとサウジアラビアの関係については、保坂修司『新版オサマ・ビンラディンの生涯と聖戦』朝日新聞出版を参照）。

ムハンマドの時代の信仰への回帰

イスラム教においては、預言者ムハンマドが在世していた頃が、信仰的にはもっとも好ましい時代であったと考えられている。ムハンマドは、多神教を一掃し、神からの直接的なメッセージにもとづいてイスラム教の世界を拡大していったわけで、それこそが後世の模範とされているわけである。

これは、イスラム教に限らず、各宗教において共通に見られることである。たとえば、仏教においては、「末法思想」というものがあり、釈迦の正しい教えは時代が経つにつれて、しだいに伝わらなくなったと考えられている。日本では、平安時代の終わり永承七（一〇五二）年に末法の世に入ったとされ、それは一万年続くと考えられている。儒教でも、古代の堯・舜、そして文武周公の政治がもっとも優れていたとされ、そこへの回帰が求められている。

そうした考え方をとらないのがキリスト教である。キリスト教では、すでに見てきたように、すぐにでも最後の審判が訪れるという思想がその核にある。その点で、古代の理想の時代への回帰をめざすものではないけれども、それを例外として、多くの宗教では、そのはじまりの時代こそがもっとも優れていたという考え方が支配的なのである。

これは、近代の社会に生まれた「進歩史観」とは対極にあるものの見方である。近代では、科学や技術の飛躍的な進歩が見られたため、世の中は好ましい方向にむかって進化しているという見方がされる。ところがこれは、人類史の上ではかなり新しい考え方なのである。

イスラム教では、ムハンマドはあくまで預言者であり、神ではないとされているものの、もっとも信仰が深い人間であったととらえられている。だからこそ、その言行録であるハディースが尊重され、イスラム教の信者は、そこに示されたムハンマドの生き方、やり方を踏襲するように促されるわけである。

ハルバリー派やイブン・タイミーヤ、そしてワッハーブ派が、コーランとスンナへの回帰を呼びかけ、その後に生まれた種々の信仰を否定するのも、それこそがイスラム教の本来のあり方だと考えられるからである。その点で、こうした思想の流れは、イスラム教の教えにもっとも忠実であろうとする原理主義であると見なされている。

次々と出現した過激なイスラム集団

イブン・タイミーヤの思想を受け継いだものが、「サラフィー主義」と呼ばれるものである。サラフとは、初期のイスラムの時代のことで、その時代への回帰をめざすのがサラフィー主義である。

このサラフィー主義を源流としてエジプト人のハサン・アル＝バンナーが一九二八年に結成したのが「ムスリム同胞団」である。組織というものが見られないイスラム教の世界では、ムスリム同胞団は唯一の宗教組織とも考えられる。ムスリム同胞団は、一九四〇年代後半にその勢力を拡大し、王政の打倒やエジプトのナセル大統領の暗殺に関与したことで弾圧された。

このムスリム同胞団のなかで、もっとも過激な思想を唱えたのが、バンナーと同年で、バンナー亡き後、一九五〇年代から六〇年代にかけて、その理論家となったサイイド・クトゥブであった。クトゥブは、ナセル大統領の支配下にあるエジプトは、イスラム教が生まれる以前の時代であるととらえた。これは「無道時代」（ジャーヒリーヤ）と呼ばれるものだが、クトゥブは、その対比のもと、現政権を打倒して、真のイスラム国家を建設する必要があると主張した。

そこには、明らかにイブン・タイミーヤの思想の影響があるが、なおかつクトゥブは、第1章でもふれたように、共産主義の革命理論の影響を受け、現政権の打倒に邁進する「前衛」を樹立する必要があることを訴えた。しかし、この思想は危険視され、クトゥブは思想犯として処刑されてしまった。

その後、ムスリム同胞団のなかからは、その穏健化した路線に飽き足らない人間たちが「ジハード団」を結成し、この集団はテロ行為をくり返す。そして、こうした流れのなかから、ビンラディンとアルカイダが生み出され、さらにそれは今日のイスラム国（ＩＳ）へと結び着いたのである。

このように、聖戦という考え方は、イスラム教の歴史のなかで次第に理論的な裏づけを与えられ、より先鋭的なものに変貌していった。

しかし、そのはじまりは、ムハンマドの時代に遡るものであり、イスラム教の経てきた歴史から必然的に生み出されたものであるとも言える。さらに、その先をたどれば、ユダヤ教における神話的な聖戦の物語にまで行き着く。戦いの歴史がくり返されてきたことで、聖戦の概念には厚みが加えられ、より神聖なものと見なされるようになってきたのである。

第9章

殺戮の罪は許されるのか

「一神教」または「多神教」という観点から

ここまで、主に一神教の世界、とくにキリスト教とイスラム教を対象にしながら、宗教と殺戮との関係について見てきた。

これに対して、日本人が慣れ親しんでいる宗教、神道と仏教、あるいは儒教・道教については、そうしたことと無縁であるという見解が述べられることが多い。

もっともよく見られる主張が、一神教と多神教とを対比させたときのものである。一神教では、唯一絶対の神への信仰を強調するため、他の信仰を認めることがない。そこから、異なる宗教同士の対立が起こり、そのなかで殺戮といった現象も起こる。その典型が十字軍である。現代においても、「文明の衝突」論に見られるように、キリスト教文明とイスラム教文明のあいだでの衝突が激化しているというのである。

これに対して、多神教の場合には、一つの神ではなく、複数の神々が信仰の対象となっており、特定の神を優位とはしないので、共存がはかられ、信仰をめぐって対立や抗争が起こることはないというわけである。

このように、一神教を厳格で不寛容、多神教を穏健で寛容とする見方は、キリスト教世界やイスラム教世界で宗教同士の対立が起こったり、テロ事件が起こったりするときに必ず持ち出される。そうした説明に納得する人たちも少なくない。

たしかに、ここまで見たところからすれば、一神教が抗争や対立、そして殺戮へと結びつく側面をもっていることは否定できない。

神は絶対の存在とされ、つねに臨在し、人間の生きる世界に君臨している。神は、ときに自らを信仰しない人間たちを殺戮するよう命令を下すときがあり、篤い信仰を持っている者であればあるほど、その命令に忠実であろうとする。また、一神教では、正統的な教義と異端とが厳格に区別され、峻厳な善悪二元論にもとづいて、異教や異端の撲滅がめざされる。

そうした一神教への信仰がなかったとしたら、果たしてこれまで宗教の名のもとでの殺戮は行われてきたものなのだろうか。ここまでの考察からは、その点が疑問として浮上してくる。それに対して、絶対的な神を戴かない多神教の世界は、殺戮とは無縁であるかのようにも見えてくる。

神道における武装した神々

しかし、そう言い切ってしまっていいのだろうか。それについては再考の必要があるように思われる。

たとえば、神道《しんとう》の場合である。

神道においては、『古事記』のなかで、あるいは、『日本書紀』においても神々の時代を扱った前半の部分は神話になっており、信仰の対象となる神々の来歴が語られている。神武《じんむ》天皇をはじめとする、草創期の天皇については、歴史的に実在したとは考えられず、神々と同様に神話の登場人物としての性格が強い。

たとえば、初代の神武天皇は七六年間在位し、一二七歳で崩御したとされている。登場人物が、並外れて長生きなのは世界の神話に共通する特徴でもあり、ユダヤ教からはじまるセム的一神教の共通の始祖とされるアブラハムは一七五歳まで生きたとされている。その妻サラは、神武天皇と同じ一二七歳で亡くなっている。

この点でも、『古事記』などと旧約聖書の「創世記」との共通性が考えられるが、天皇家の祖神として考えられているのが天照大神である。『日本書紀』では、須佐之男命《すさのおのみこと》が天照大神《あまてらすおおみかみ》のことを「姉」と呼んでいることなどから、それは女神としてとらえられ、天岩戸《あまのいわと》の物語にもっとも明確に示されているように、太陽を神格化したものと考えられる。世界中のあらゆる民族では、ギリシャのアポロンのように、太陽神が信仰の対象となり、神々の世界の中心をなすとされており、天照大神もそれと共通する存在であると見ることができる。

その天照大神は、弟須佐之男命と「誓約《うけい》」ということを行い、お互いに相手を亡き者にしようとする悪心を抱いていないことを証明することになるが、その際に、須佐之男命だけではなく、天照大神も武装しており、そこでは天照大神が武神としての性格をもっていたことが示されている。

ただ、他の神々の力によって天岩戸からふたたび外に出た後は、その孫にあたる瓊々杵尊《ににぎのみこと》を地上に降臨させただけで、後は神話のなかには登場しなくなる。天照大神は、皇室の祖先である皇祖神とはされているものの、それほど目立った活躍はしていない。あるいはそこに、アブラハムの信仰した神との決定的な違いがあったのかもしれない。

天照大神は、伊勢神宮の内宮に祀られ、ほかにも全国にはそれを祭神とする神社が数多く存在している。伊勢神宮は、日本にある神社全体の中心と位置づけられ、篤い信仰を集めていることは間違いないが、一方で、それにまつわる物語が乏しいことも事実である。

アブラハムの信仰した神は、人間の社会に対して、ときに怒りをぶつけ、大量の殺戮も辞さない。逆に、自らに対する信仰の篤い人間に対しては、その信仰を試したりはするものの、十分な報いを与えてくれる。それに比較して、天照大神が、どういった功徳を与えてくれたのか、瓊々杵尊を中津国につかわした以外、それを物語る話は存在しないのである。その権威は、もっぱら皇祖神であるというところに求められている。

『古事記』に描かれた天照大神の怒り

ただ、『古事記』には、その後一度だけ、天照大神が姿をあらわす場面がある。しかもそれは、この本のテーマである「殺戮の宗教史」ということと深い結びつきをもっているのである。

それが、第一四代の天皇、仲哀《ちゅうあい》天皇のことを記した部分においてである。代々の天皇のうち、どの天皇から実在したことが明確かについては歴史学者のあいだでも議論があり、それについて結論が出ているわけではない。遡れば遡るほど、実在は不確かになり、少なくともここでふれる仲哀天皇までは、実在しない神話的な存在であると見なされている。

その点で、仲哀天皇の物語は架空の神話と見なければならないし、その名に「哀れ」ということばが含まれる点でも、物語の上での存在であるという印象を深くする。それは、到底最高権力者の名としてはふさわしくない。

その仲哀天皇の妻となったのが神功《じんぐう》皇后であり、二人の間の子が後の応神《おうじん》天皇である。神功皇后は、仲哀天皇の死後、摂政の立場にあり、その期間が長かったこともあり、天皇に加えるという考え方もあった。一方、応神天皇の方は、後に八幡神と習合し、天照大神に継ぐ第二の皇祖神として祀り上げられた点で重要な存在である。

『古事記』には、仲哀天皇の前で神功皇后が神憑《かみがか》りする場面が出てくる。それは、仲哀天皇が筑紫の訶志比《かしい》の宮、現在の香椎宮《かしいぐう》にあって熊曾《くまそ》の国を伐とうとしていたときのことである。神功皇后に下った神は、「西の方に一つの国がある。金や銀をはじめとして、眼にまばゆいほどの珍しいさまざまの宝物が、その国には多い。私がその国を従わさせてあげよう」と言ってきたのだった（福永武彦訳『現代語訳　古事記』河出文庫による）。

この託宣に対して、仲哀天皇は、高いところにのぼっても西の方には国らしいものが見えないと答える。天皇としては、その時点では、その正体が明らかではない神が偽りを言ったと考え、神をふたたび下ろすために琴をかきならすこともしなかった。

すると神は怒りだし、「私の教えた国のみでなく、この国とても、汝の治めるべき国ではない。汝はこの世の国々ならぬ遠いかの国に一筋に行け」と命じてきたのだった。神はあくまで、西にある国の征伐を要求してきたのである。

大臣だった建内宿禰（タケシウチノスクネ）が、天皇にもう一度琴を弾くように促すと、天皇はしかたなく琴を弾きはじめる。ところが、すぐにその音は途絶えてしまう。周囲の人間たちがどうしたのかと探ると、仲哀天皇は息絶えていた。それは、神の怒りの結果にほかならなかった。

そこで建内宿禰が、神に対してその名を問うと、神からは「これはアマテラス大神の御心から出ている。これを取り行うのは、底筒男（ソコツツノヲ）・中筒男（ナカツツノヲ）・上筒男（ウハツツノヲ）の三柱の大神である」という託宣が下る。この底筒男以下三柱の大神とは、大阪にある住吉大社の祭神である。

殺戮の神としての姿

ここで言われる「アマテラス大神の御心から出ている」ということばをどのように解釈するのか、それは一つの問題だが、天照大神の意志にもとづくものだととらえていいだろう。実際に神としてあらわれたのは住吉大社の神でも、それはあくまで天照大神の意志を取り次ぐためである。

となれば、天照大神は、西の方にある国、具体的には新羅《しらぎ》の国を征伐するよう天皇に対して命じてきたことになる。その命令に仲哀天皇が従わなかったため、その命を断ってしまったのだ。そこで神功皇后が、天皇に代わって新羅の国まで攻め入る。これが、百済《くだら》、高句麗《こうくり》を含めた「三韓征伐」の話になっていくわけである。

この場面において、天照大神は直接姿をあらわしてはいない。しかし、託宣という形で、その意志を示している。それは、一神教の世界の神が、人間に対してメッセージを伝えるときのやり方と共通する。しかも、天照大神は、対外侵略を推し進めるように天皇とその周辺を促し、それは実際の行動に結びついたのだった。

この三韓征伐の物語が、後に豊臣秀吉による「朝鮮征伐」や、近代における「韓国併合」を正当化するために活用されたことを考えれば、それを命じたのが皇祖神としての天照大神であったことは重要である。征伐を行えば、敵味方に多くの死者が出る。その点で、天照大神は殺戮を命じる神だったのである。

「武神」八幡神の信仰

さらに、それと関連するのが、応神天皇が八幡神と習合し、第二の皇祖神として信仰を集めたという事実である。

八幡神は、『古事記』や『日本書紀』にはいっさい登場しない神で、もともと北九州の宇佐で祀られていた。その地域には渡来人が多く、八幡神は渡来人の神であった可能性が高い。

ところが、これについてはなぜかということがなかなか説明できないのだが、やがてその存在感を増し、奈良の東大寺で大仏の建立が行われたときには、その建設を助けると宣言する。そして、八幡神に仕える大神社女《おおみわのもりめ》などが上京して、天皇などとともに大仏を拝んだりしている。それから、八幡神は東大寺に勧請され、現在の手向山《たむけやま》八幡宮で祀られるようになる。

その後、八幡神は、必ずしもその真相が明らかではない道鏡の皇位簒奪事件の際にも重要な役割を果たしたとされる。そして、平安時代に京都の西南に石清水八幡宮が勧請されたことで、その重要性を増していく。

平安京の場合、鬼門と言われる東北には比叡山延暦寺が鎮座し、それと対照的な位置に石清水八幡宮が鎮座する形になった。おそらく、そうしたことが、八幡神の価値を高める方向に作用したものと思われるが、石清水八幡宮は都の人々の強い信仰を集めた。もし、八幡神が宇佐に留まっていたなら、それほど重要な神にはならなかったかもしれない。

さらに、源氏が八幡神を氏神としたことが決定的な意味をもつ。源氏は武士であり、八幡神は「武神」としての性格を持つようになったからである。歌舞伎の「勧進帳《かんじんちょう》」には、義経に従う四天王が、無事に安宅《あたか》の関を通過した後に、「まことに源氏の氏神、正八幡の我が君を守らせ給うおんしるし」と言う場面が出てくる。

八幡神が武家の神として祀られる背景には、それが応神天皇と習合していて、応神天皇が、神功皇后の肚《はら》の中にいたときに三韓征伐に赴いたという神話が影響していたものと思われる。そのため、応神天皇は、「胎中天皇《たいちゅうてんのう》」とも呼ばれている。源頼朝が、鎌倉幕府を開いたときには、鶴岡《つるがおか》八幡宮に勧請している。こうしたことから、八幡神に対する信仰はかなりの広がりを見せたのである。

戦争を司る神は、「軍神」とも呼ばれる。八幡神も軍神の一つになるわけだが、他にも、鹿島神宮の建御雷之男神《たけみかづちおのかみ》、香取神宮の経津主神《ふつぬしのかみ》、諏訪大社の建御名方神《たけみなかたのかみ》などが軍神としての性格をもっている。須佐之男命《すさのおのみこと》や日本武尊《やまとたけるのみこと》なども同様である。

多神教に見られる神々の役割分担

多神教の世界では、インドでもそうだが、あまた存在する神々の間で役割の分担が行われるようになる。それは、宗教学においては、「機能神」とも呼ばれ、そのなかには農業神や漁労神、そして武神、軍神が含まれる。

その点では、多神教であるからといって、殺戮と無縁であるということにはならない。逆に、機能の分化が起こることで、そのなかにもっぱら殺戮を命じるような武神、軍神が生まれてくるのである。

福岡市内にある筥崎宮《はこざきぐう》は、筥崎八幡宮という別称もあるように、その祭神は八幡神である。宇佐神宮と石清水八幡宮と併せて日本三大八幡宮と言われるほど、その存在は知られているが、その楼門には、現在でも「敵国降伏」の扁額が掲げられている。これは、元寇《げんこう》が起こった際に、亀山上皇が納めたものである。

石清水八幡宮でも、二〇〇七年に「篝火御影《かがりびのみえい》」と呼ばれる八幡曼陀羅《はちまんまんだら》が発見されている。これは、元寇の時に、敵国降伏を祈願する際に用いられたものと考えられ、そこには、剣を手にした僧形八幡神を中心に、かがり火を囲む武装した八柱の神の姿が描かれている。一般の僧形八幡神は剣を持たず、錫杖をたずさえている。

神社に託された戦勝の願い

神社に戦勝を祈願するということは、太平洋戦争の際にも盛んに行われている。まず、開戦に際しては、宮中三殿において臨時大祭が催され、昭和天皇が開戦を奉告するとともに、加護を祈願している。あわせて、全国の神宮や山稜には勅使が派遣されて、そこでも宣戦奉告がなされている。

開戦から一年が経った一九四二年一二月一七日には、「大東亜戦争完遂祈願ノ為官国弊社以下神社ニ於テ祭祀ヲ行フ」という勅令によって、全国の神社で祈願祭が営まれている。それは、戦争が続く間くり返されることになる（この点については、小川原正道『日本の戦争と宗教　1899―1945』講談社選書メチエを参照）。

もちろん、戦争中において、日本の海外進出、海外侵略に対して協力したのは、国から経済的な援助も受けていた神道界だけではない。小川原の著作にもあるように、仏教界やキリスト教界も、結局戦争には全面的に協力している。一部には抵抗や反戦の動きも見られたが、日本が戦線を拡大していくなかでは、それぞれの宗教に対する信仰が歯止めになることはなかった。

その点については、戦後、各宗教、各教団において反省がなされたし、神道については国家との分離がはかられたものの、どうしたら宗教が殺戮を防止する役割を果たせるのか、その具体的な方向性が見出されているわけではない。もし、そうした事態が再び訪れたとき、同じことがくり返される可能性は高い。

第二の皇祖神ともなり、武神・軍神ともなった八幡神の場合、もう一つの特徴は、仏教の世界とも習合し、八幡大菩薩と呼ばれたところにある。近代以前の日本の宗教は神仏習合が基本であり、さまざまな形で神道と仏教は混じり合っていたが、八幡大菩薩は、そのなかでも特異な存在である。

石清水八幡宮の「篝火御影」にふれたときに、その中心に僧形八幡神が描かれていると述べたが、僧形八幡神とは、神としての身を脱したいと望んだ八幡神が、出家して仏道修行を行っている姿を描き出したものである。この僧形八幡神を描いた仏像として、もっともよく知られたものが東大寺にある快慶作のものである。そのことを知らなければ、これを見て神であると考える人は少ないだろう。何しろ、完全に僧侶の姿をしているからである。

今の感覚からすると、なぜ神が出家して、僧侶の姿をとり、仏法の修行をしなければならないのか、その理由が分かりにくい。だが、神の世界も輪廻していく先の一つであり、その上に悟りを開いた仏の世界が想定された。仏教は、そうした形で神道を含み込んでいったのである。

密教と陰陽道による呪詛の広がり

仏教が社会的にも力を得る上で、密教の導入と展開ということが大きな意味をもった。密教は、インドにおいて土着のヒンドゥー教と習合したところに生まれたもので、日本には仏教が伝えられた当初の段階から採り入れられていた。

ただ、本格的な密教の導入は、最澄と空海が唐にわたり、中国で流行していた密教を摂取してきたことからはじまり、それは大いに歓迎された。一時、日本の仏教界は密教によって席捲《せっけん》された状態にあり、それぞれの宗派の信仰のなかにも採り入れられていく。

密教は、超自然的な力を駆使することで、具体的な成果を得るための技法であり、その技法のなかには、呪力を用いて、対象者を呪うといったことも含まれた。それが、調伏法や降伏法であり、呪われた者は血を吐いて死ぬと言われた。

こうした調伏法などにどれだけの効果があったかは分からないが、平安時代末期になると武家が台頭し、戦乱が続くようになっていく。そうした状況のもとでは、相手を呪い殺す呪詛《じゅそ》に期待が集まっても不思議ではない。

呪詛の技法として、密教と併行して平安時代に用いられるようになるのが陰陽道《おんみょうどう》である。陰陽道は、天文や暦、時刻などに関連するものだが、同時に、「式神《しきがみ》」と呼ばれる特異な神を駆使して、相手を呪うといったことが行われた。陰陽道を司るのが陰陽師であり、その代表が、各種の物語にも登場する安倍晴明《あべのせいめい》である。

陰陽道は、中国の宗教思想の影響を受けつつ、日本に生まれた独特な呪術の体系である。とくに平安時代に、こうしたものが広まり、同時に密教への関心が高まるのは、公家社会の中で悪霊による祟りを怖れる風潮が強まっていたからである。祟る神の代表が菅原道真《すがわらのみちざね》の霊で、これは雷神、天神と習合し、数々の災厄をもたらしたと考えられた。そうした祟りへの恐怖がつのるなかで、密教や陰陽道への期待も高まったのである。

日本における「殺戮の宗教史」

ただし、陰陽道にしても密教にしても、そのなかで呪詛のような殺戮に結びつくような技法が開拓され、それが実践されたとしても、それを操れるのは陰陽師や密教僧などの専門家であり、一般の人間が信仰にもとづく殺戮へと導かれたわけではない。その点で、日本における「殺戮の宗教史」を、それほど明確な形でたどることは難しいのである。

しかし、だからといって、日本の社会が殺戮ということと無縁だったわけではない。平安時代などは、武力と無縁な公家が支配階層になり、その時代においては武力なき平和が維持されたとも考えられるが、平安時代末期になってくると、武士が台頭し、しだいに戦乱がくり返されるようになっていく。「殺戮の歴史」をたどることは、日本でも難しくはないのである。

物語として広く読まれたものに『平家物語』や『太平記』があるが、ともに長く続いた戦乱の歴史を物語としてつづったものである。とくに、鎌倉時代の終わりから南北朝、室町時代の歴史をつづった『太平記』では、延々と戦乱がくり返され、そのなかで膨大な数の人間が殺戮の対象になっていた。それは、「永久戦争」の様相を呈し、次々と死者が生み出されていくのである。

そうした戦乱の過程においては、僧侶であると同時に武士でもある「僧兵」が登場し、殺戮の歴史のなかに加わっていった。当時、「南都《なんと》北嶺《ほくれい》」と呼ばれた奈良の興福寺と京都の比叡山延暦寺を中心にした寺社勢力は、莫大な領地を寄進されてその勢力を拡大するとともに、領地を守るために多くの僧兵を抱えた。信仰の世界と武士の世界とは決して無縁ではなく、神仏への信仰が武士団を結束させ、殺戮へと駆り立てていく原動力になったりもしたのである。

聖と俗の世界が併存した日本

その際に、一つ重要な意味をもったのが、「王法」と「仏法」という考え方である。王法は、世俗社会における法や慣習のことをさし、仏の法である仏法とは対比されるものではあるが、中世の日本社会では、王法と仏法とは相互に依存するという「王法仏法相依論」が唱えられており、両者は併存し、調和した関係をもつものと考えられた。

これは、宗教の世界と世俗の世界を区別しないイスラム教の考え方に近いものであり、仏法は、世俗の支配秩序をも支える役割を果たすものだと認識されるようになる。本来、仏教の世界では、世俗の生活を捨てる出家ということが重視されるわけだが、出家であるはずの僧侶の世界にも世俗の身分秩序が持ち込まれた。たとえば、仏教界の中心となった比叡山の天台宗における最高権威である「座主《ざす》」には、公家の家の出身者が就くことが慣例となった。『愚管抄《ぐかんしょう》』をあらわした慈円《じえん》などがその代表である。

ただ、日本の仏教は王法と仏法とが相互依存することで、支配のためのイデオロギーとなり、国家鎮護を目的とする一方で、平安時代の終わりになると、個人の極楽浄土への往生を目的とする浄土教信仰が生み出され、信仰の個人化の方向性をとるようになる。

浄土教信仰の世界では、個人の死後における救済ということがもっとも重要な課題として考えられるようになり、そのための実践として念仏が称揚される。念仏は、最初、後に天台座主ともなる円仁が唐から持ち込んだもので、当初は、密教の技法の一つだった。

それを往生のための技法として確立していったのが、『往生要集《おうじょうようしゅう》』をあらわした恵心僧都源信《えしんそうずげんしん》などで、鎌倉時代の法然は、念仏さえ唱えれば、それで往生は確定し、他の修行の方法は不要、あるいは無用であるという考え方を打ち出した。それは、法然の弟子でもある親鸞に受け継がれる。

こうした念仏信仰のなかで、一つ議論になったのが、念仏を唱える回数と往生との関係である。なかには、死ぬまでにたった一度でも念仏を唱えるならば、それだけで往生がかなうと主張する人々もいた。これは、法然門下においては、「一念義」と呼ばれた。

これに対して、一度の念仏で往生が確定するわけではなく、日々それを唱え続ける必要があるとする人間たちがあらわれた。そうしたものは「多念義」と呼ばれ、一念義と多念義とは対立することになった。やがて、多念義の方が浄土宗では多数派を占めるようになるが、念仏の威力には絶大なものがあると考えれば、一念義が成り立っても不思議ではないのである。

天台教学の説く救済とは

これは、法然が学んだ比叡山延暦寺の中心的な教えとなった天台教学でも共通に起こりうる議論だった。

天台教学においては、「一乗」ということが主張された。これは、「三乗」と対立するものである。三乗とは、声聞乗《しょうもんじょう》、縁覚乗《えんがくじょう》、菩薩乗《ぼさつじょう》からなる。声聞乗は、仏の教えに導かれて自己の悟りのみを追求する道を意味し、縁覚乗は、自分一人で修行を実践し悟りを開いた者のことを言う。これは、大乗仏教からすれば小乗の立場ということになり、天台教学があらわれるまでは、救いの対象にならないと考えられていた。

しかし、天台教学では、他者の救済をめざして修行を実践する菩薩乗だけではなく、声聞乗も縁覚乗も救済されるという考え方がとられた。その姿勢を示したことばとしては、「山川草《さんせんそう》木悉皆成仏《もくしっかいじょうぶつ》」というものがあり、あらゆる存在はそのままにして救われるというのが天台教学の基本的な立場であった。

ところが、そのままで誰もが救われるのであれば、仏道修行などいっさい行う必要はない。天台教学をもとにすれば、当然そうした考え方が生まれてくることになる。

日本に天台教学をもちこんだ最澄は、奈良仏教の影響下から脱するために、比叡山に「大乗戒壇《かいだん》」の設置を求めた。戒壇は、正式に出家得度《しゅっけとくど》させ僧侶として認めるための場所である。その際に最澄は、天台宗の僧侶になるためには、比叡山に一二年間籠もってそこを出ないという修行を課した。それによって天台僧の「品質保証」をはかったわけだが、必ず救済されるなら、果たして修行が必要なのかどうかという問題は根本的には解決されなかった。

悪人正機説の危険性

それはさらに、悪を犯したときにどうなるかという問題に発展していく可能性を持つものであった。

たとえば、比叡山で学んだ一人に浄土真宗の開祖となる親鸞がいた。親鸞は、その言行録である『歎異抄《たんにしょう》』に、「善人なほもて往生をとぐ、いはんや悪人をや」ということばを残している。これは、「悪人正機説《あくにんしょうきせつ》」と呼ばれるが、善人ではなく、悪人こそが念仏信仰における本尊である阿弥陀仏の中心的な救済の対象になるという考え方である。

ここで言われる悪人がいったいどういうものなのかについては議論があるが、人間のなかには、殺人をはじめ、悪を犯す人間がいる。では、殺人を犯した人間が、それも多数の人間を殺した人間が念仏を唱えたら、果たしてそれで往生がかなうのか、当然そうしたことが問題になってくる。

多くの人間を殺す者など例外的であると、現在では考えられるかもしれない。だが、親鸞が生きた鎌倉時代は、武士の世の中であり、戦乱のなかで多くの敵を殺した経験をもつ人間は少なくなかった。あるいは、鳥獣を捕って暮らす者などは、仏教的に言えば、殺生戒《せっしょうかい》を犯していることになる。果たしてそういう人間でも極楽往生がかなうのか、それが念仏者にとって難問として立ちはだかったのである。

実際、悪人であっても往生がかなうのであれば、あるいは悪人の方がより往生に近いのであれば、むしろ現世において積極的に悪をなした方がいいという考え方さえ生まれた。それは、「造悪論」と呼ばれるものだが、悪人正機説は、必然的にそうした考え方を生むことになる。悪人正機説は、殺戮という行為にこそ救済への可能性を見出す危険な思想ともなり得るのである。

殺戮を行った者は救済されないのか

その際に取りうる一つの立場は、殺戮を行った人間を救済の対象から外すという方向性である。

それは、浄土教信仰において所与の経典となった『無量寿経《むりょうじゅきょう》』に示されている。より正確に言えば、『無量寿経』の漢訳に示されている。

『無量寿経』は、中国で作られた可能性が高い『観無量寿経』と、『阿弥陀経』とともに、「浄土三部経」を構成しているが、そのなかで、阿弥陀仏が法蔵菩薩であったときに立てた「四十八願《しじゅうはちがん》」というものが出てくる。

その四十八願のなかで、日本の浄土教信仰のなかでもっとも重視されたのが第十八願であった。その第十八願は、「たとい、われ仏となるをえんとき、十方の衆生《しゅじょう》、至心《ししん》に信楽《しんぎょう》して、わが国に生れんと欲して、乃至十念《ないしじゅうねん》せん。もし、生れずんば、正覚《しょうがく》を取らじ。ただ、五逆（の罪を犯すもの）と正法《しょうぼう》を誹謗するものを除かん」というものである。

この意味するところは、あらゆる衆生が、西方極楽浄土に行きたいと考え、自分が立てた誓いを信じ、少なくとも一〇回、自分の名を唱えたとして、それでも往生できないというのであれば、自分は悟りを開いて仏になってしまったりはしない。ただし、五逆の罪を犯したり、正しい仏法を誹謗する者は除くというものである。

法蔵菩薩が言う自らの名をもとにするなら、本来なら「南無法蔵菩薩」ということになる。ただ、浄土教信仰では、それは「南無阿弥陀仏」であると解釈され、この第十八願は、「南無阿弥陀仏」という念仏を唱える「称名念仏《しょうみょうねんぶつ》」の決定的な重要性を示したものと考えられた。これがあるからこそ、念仏さえ唱えれば、往生が必ずかなうと信じられたのである。

この第十八願のなかでは、五逆を犯した者と正しい仏法を誹謗した者は除かれている。彼らがいくら念仏を唱えても、それだけでは救われないとされているのである。

実は、このただし書きの部分は、『無量寿経』のサンスクリット語原本には出てこないものである。これは漢訳された時点で付け加えられたもので、他の四十七の願には同じような除外規定は出てこない。

となると、日本の浄土教信仰、具体的には法然や親鸞の教えのなかで、この第十八願が重視されたのは、称名念仏の意義が強調されているだけではなく、ただし書きがあったからではないかとも考えられる。

五逆とは、仏教の世界における重罪のことで、父を殺すこと、母を殺すこと、聖者である阿羅漢を殺すこと、僧の和合を破ること、仏の身を傷つけることを言う。いずれもそれを犯せば、地獄のなかでも最下位にある無間《むげん》地獄に落とされるとされている。

念仏信仰の説くところからすれば、たとえこうした五逆の罪を犯した者であっても、あるいは、正しい仏法を誹謗する者であっても、念仏さえ唱えれば、それで極楽往生がかなうことになるはずである。

となれば、そもそも五逆などは罪ではないことになる。生きているあいだに、数々の重罪を犯し、仏法を誹謗し続けていた人間でも、死ぬ前にたった一度念仏を唱えれば、それで救われるのであれば、真面目に生きることも、正しく生きることも意味をなさなくなる。それは、念仏信仰が危険思想として糾弾され、非難されることにも結びつく。

ところが、第十八願では、除外規定を設けることによって、そうした事態が起こることが回避されているのだ。

罪を犯した者への除外規定

しかしそうなると、親鸞の説く悪人正機説はどうなるのか。この説は、法然門下において、親鸞以前にも説かれており、もともとは法然の考え方であったともされている。となれば、『無量寿経』の説くところと矛盾を来すことにもなる。当時は、『無量寿経』のサンスクリット原本などは、日本では知られていなかった。除外規定が漢訳された時点で付け加えられたことを知ることはできなかったのである。

どちらにしても、これは深刻な問題である。宗教学者の山折哲雄は、親鸞の主著である『教《きょう》行信証《ぎょうしんしょう》』を読み解いていくなかで、親鸞はこの除外規定の問題を踏まえ、悪を犯した人間が救われるためには、「善知識」と「懺悔」が不可欠であるという認識に到達したとしている（『「教行信証」を読む』岩波新書）。

ここで言う善知識とは、弟子を導く優れた指導者、師のことである。すぐれた師に導かれ、こころの奥底から真に懺悔するならば、それで極楽往生がかなうというのが、親鸞の思想的な立場だというのである。

それは、親鸞が生涯をかけて考え抜いて得たぎりぎりの答えであったのかもしれない。だが、それによって悪を犯した人間は救われても、その被害に遭った人間、あるいは被害に遭った者の関係者は、それを許すことができるだろうか。具体的に言えば、殺人の被害者の関係者が、殺人者を許すことができるのかということがどうしても問題になってくる。

許すということの難しさ

実は、このことに深く結びつく人物が、仏教の世界に存在する。それが、アングリマーラ（央掘摩羅）である。

アングリマーラは、あるバラモンに師事していたが、そのバラモンの妻から誘惑される。その誘惑をはねつけると、その妻は、アングリマーラに暴行を受けたと訴え、それをバラモンが信じてしまう。

バラモンは怒り、アングリマーラに対して、これから一〇〇〇人の人間を殺し、その指で首飾りを作れば、それでお前の修行は完成すると言い渡される。考えられないほど無茶な要求だが、アングリマーラはそれに従い、殺人鬼となって九九九人の人間を殺す。

一〇〇〇人目の対象になったのは、アングリマーラの母であったとも、釈迦であったとも言われるが、どちらにしても、アングリマーラは釈迦に諭され、殺人をやめ、仏弟子となる。

これによって、アングリマーラは釈迦に救われた形になるが、重要なのはその後である。仏弟子となった以上、アングリマーラも托鉢によって生活していかなければならないが、街に托鉢に出ると、街の人々はそれまでの彼の行状を知っているので、数々の迫害を加えてきた。つまり、本人は救われても、それは周囲には認められず、かえって周囲の人間の憎しみ、ひいては苦しみを増すことになったのである。

この物語は、アングリマーラがそうした迫害を自らの罪に対する報いとしてとらえ、それによって悟りを開いたという方向に進んでいくが、周囲がそれを認めたかどうかについては述べられていない。悪人の救済が、むしろ善人の苦を増すことになるという矛盾した状況に対する答えは、この話においても、はっきりとした形では見出されていないのである。

宗教は殺戮を肯定するものか、否定するのか

一神教の世界であれば、悪を犯した人間を罰するのも、それを許すのも神であり、人間では ない。神は人間に対して許しを与えることができても、ある人間が他の人間を許すことはでき ない。構造としては、そのようになっている。

それに対して、仏教の世界では、仏に対してはそれだけの力は認められていない。仏は、菩 薩として人々の救済を助けることはできるかもしれないが、根本的な許しを与えることができ る存在とは見なされていない。慈悲のこころを示すのが精一杯のところである。

ある人間が殺されたとき、いかなる手段を使っても、その人間を生き返らせることはできな い。殺人者を許すことができないのは、根本的にはそれに起因する。しかも、殺人者を死刑に 処したとしても、それで殺された人間の関係者のこころが癒されるわけではない。

だからといって、起こったことは仕方のないことだから、罪をそれ以上問わないという方向 にむかうわけにもいかない。死刑の廃止ということが叫ばれても、殺人者に対して一定の罪を 負わせ、償いをさせようとすることまではなくならない。いくら償ってもらっても、死刑に処 した場合と同様に、関係者のこころが癒されることはあり得ない。

もちろんここで、誰にでも納得できるような答えを出すことはできない。何千年もかけて仏 教の世界ではそれについて考えてきたわけで、それでも究極の答えが出ていない以上、それは

不可能なことである。

殺戮を行った人間の救済が保証されるのかどうかという問題は、殺戮という行為自体が是か否かということにも発展していく。それは、仏教にかぎらず、あらゆる宗教において問題になってくることである。

宗教は、殺戮を肯定するものなのか、それとも否定するものなのか、私たちはそうした根源的な問題に今も直面しているのである。

おわりに

宗教と死の問題

宗教がなぜ必要なのかと問うたときに、多くの人が考えるのは「死」の問題だろう。人間が生物であるかぎり、死を免れることはできない。その死ということをどのようにとらえ、それにどう対処していくのか。宗教は、そうした問題を解決しようとする点で、人類社会にとって必要なものである。だからこそ、宗教の存在しない民族もなければ、地域というものもない。そのように考えることはできる。

宗教が死に対して立ち向かったとき、そこからはいくつかの事柄が生まれてくる。一つは、死んだ人間、遺体となった人間をいかに処理し、その死を悼むかで、そこからは葬儀という儀礼の方法が編み出されていく。

しかし、死に対する対処の仕方としては、それだけでは不十分である。そもそも儀礼を営むには、その儀礼を意味づける物語が必要である。それが、死生観であり、来世についてのとらえ方である。

したがって、宗教は、それぞれ来世を想定してきた。来世は、地獄と天国のように、好ましくないものと好ましいものに分けられるのが一般的で、いかに地獄に落とされることなく、天国に赴くことができるのか、宗教はその手立てを説くことになる。

死の儀礼を確立し、死生観を生み出していくところに宗教の役割がある。現実に存在している宗教を見てみるならば、たしかにそうした機能を果たしている。

殺戮とともにある人類の歴史

だが、殺戮の宗教史を追ってきた私たちからすれば、そうした認識だけでは不十分である。人間が死を免れないのは事実だが、人間の世界に特徴的なのは、人間が仲間を死にいたらしめることがあるという事実である。

これは、他の動物にはないことである。チンパンジーは同類を殺すことがあるとされるが、それもチンパンジーが人間に極めて近いからだと考えられる。少なくとも、大量に仲間を殺戮することがあるのは人間に限られている。人類の歴史は、仲間に対する殺戮の歴史でもあった。

殺戮が行われた場合、それを見過ごすわけにはいかない。刑罰が与えられることもあれば、復讐が行われることもある。罰を与えたからといって、殺戮を行った人間を殺したからといって、殺された人間がこの世に還ってくるわけではない。だが、それを仕方がないこととして放置することも難しい。

人類は道具というものを開発する能力をもっており、その道具のなかには、殺戮を行うためのものも含まれる。さらには、殺戮を専門とする武器や兵器といったものも大量に作り出されてきた。たんに作り出されただけではなく、それは実際に使用され、数多くの犠牲者を生んできた。

殺戮がくり返されれば、多くの人間が亡くなり、国土も荒廃し、社会も混乱に陥れられる。たとえ、殺戮の対象が一人の個人であったとしても、その人間には家族がいて、知人友人がいる。一人の人間が殺されることの影響は相当に大きい。

宗教と死とのかかわりは、こうしたところでも重要な意味をもってくる。だからこそ、モーセの十戒においても、仏教の五戒においても、人を殺すことは戒められている。仏教の場合には、その対象は人には限られず、生物全般に及んでいく。人間にとっては害虫であっても、それはやはり一つの生命であり、仏教はそうした生命を損なう行為を戒めている。その点で宗教は、殺戮を抑える役割を担っていることになる。

宗教は殺戮を戒め、また殺戮を促す

「なぜ人を殺してはいけないのか」という問いは、答えるのが難しいものだと言われている。

たしかに、現実に人は人によって殺されているし、死刑の執行もそうだが、戦争という事態にでもなれば、自分を守るためにも殺人は許容される。

それが答えるのが難しい問いであるからこそ、宗教は、殺人を戒めているとも言える。殺人を戒めるのは、神であったり、仏であったりする。それぞれの宗教の世界では、神や仏のことばは絶対であり、それに従わなければならないことは前提にもなっている。

誰かが、「なぜ人を殺してはいけないのか」という問いを発したとき、その人間は、わざと答えが得られないものとして、その問いを発している。答えられない人間たちを貶めるためにそうした問いを発していると言ってもいい。

そもそも、私たちは、神や仏に命じられなくても、容易には仲間を殺したりはしない。他の生命についても、なるだけそれを傷つけないようにと考えて行動する。

だが、それでも宗教にもとづく戒めが必要とされるのは、現実に、殺戮という行為がくり返され、それをなくすための方法が容易には見出せないからである。

しかも、宗教は、そうした殺人に対する戒めを説く一方で、人に殺戮を促す側面をもっている。その具体的なあり方については、この本のなかで詳しく見てきた。

その際に、極めて重要な意味をもつのは、「一二元論」という思考の形態である。

対立を呼ぶ「二元論」という思考

二元論自体は、さまざまな形で行われている。対照的な性格をもつものが対比され、そのあいだには根本的な区別があるととらえられる。代表的なものは、男と女、親と子、君子と臣下、右と左、上と下などだが、そこで重要なことは、対比されるもののあいだには、必ず価値の上での優劣がつけられることである。

私の宗教学の恩師である柳川啓一《やながわけいいち》は、そうした事態をさして、「不均等二分」という指摘を行った（『祭と儀礼の宗教学』筑摩書房）。右と左でも、日本の律令制度で左大臣の方が右大臣よりも上とされたように、必ず差がつけられる。二分法は、たんなる分類法ではなく、価値を与えるものなのである。

宗教の世界でも、さまざまな二元論が登場するが、もっとも大きな意味をもつのは善悪二元論である。ゾロアスター教やマニ教といったイランに生まれた宗教が、この善悪二元論の立場にたっていることについては述べたし、それは、キリスト教にも受け継がれた。キリスト教では、正統と異端という二元論が確立され、それは異端の撲滅という形で、殺戮を生むものでもあった。

宗教の本質を聖と俗の対立に求める見方もあるわけだが、聖と俗という二元論も、俗の価値が否定されることによって、それは殺戮を正当化する役割を果たすことがある。あるいは、キリスト教の宗教改革に見られたように、聖の価値が根本から否定されるような機会が訪れることもある。日本仏教の在家主義のなかにも、聖の否定という側面を見出すことができる。

イスラム教の場合には、聖と俗との区別ということ自体をしないわけだが、現実の問題として、イスラム教が広まっている世界とそうでない世界が存在すると考えられ、前者は「イスラムの家」、後者は「戦争の家」として区別される。それも、宗教的な二元論の一つであり、ときにそれはイスラム教の武力による拡大を正当化することもある。あるいは、偶像崇拝の有無を基準に、イスラムの信仰と多神教が区別されたときにも、そこには二元論が生み出されていく。

そう考えると、宗教には二元論がつきものであり、その二元論が対立を生み出し、ときに殺戮に発展するということになってくる。そうであるならば、宗教は必然的に殺戮を生むことになる。

殺戮を戒めておきながら、そこに、二元論が持ち込まれることで、正当化される殺戮とそうでない殺戮の区別が生まれる。そうした二元論の背後に、神や仏といった超越的な存在があるがゆえに、それは絶対の要求として人間に迫ってくる。そうなれば人は、殺戮という行為に神聖なものを見出し、むしろ積極的にそれを実践していくことになる。それこそが、聖戦ということばの生まれる理由である。

では、宗教というものがなければ、殺戮はなくなるのだろうか。あるいは、殺戮の機会は減っていくのだろうか。

戦争という事態がくり返されてきたことを考えれば、宗教がなくなったとしても、それで人類は殺戮と無縁になるとは思えない。たとえば、国や民族の区別は、自分たちの国や民族を称揚し、他の国や民族の価値を劣ったものとするところで、やはり二元論に陥っている。宗教が存在しなければいいというわけではないのである。

宗教の力が弱まる社会に台頭するイスラム教

今や世界の先進諸国においては、宗教の力が急速に弱まっている。ヨーロッパにおいては、キリスト教の教会離れが進み、日本においても既成宗教、新宗教を問わず、その退潮は著しい。アメリカでは、ヨーロッパに比べれば、教会離れといった現象は起こっていないが、それでも、キリスト教を信仰する人々の割合は徐々に減ってきている。

一方で、経済発展が続く国々では、おしなべてプロテスタントの福音派が勢力を拡大している。ただ、それも経済発展が続くまでのあいだのことで、韓国などでは、戦後キリスト教徒の割合が相当に増えたものの、今やその伸びは止まっている。急速な経済発展が終わったからである。

代わりに、世界においては、イスラム教が伸びているわけで、二〇三〇年には、イスラム教徒の割合が、人類全体の四分の一を超えるものと推定されている。そして、ヨーロッパでは、ヨーロッパのイスラム化ということが深刻な懸念材料にもなっている。

先進国の多くの人間がイスラム教に改宗するということは考えにくい。宗教の影響力から脱した世俗の生活を送るというライフスタイルが定着し、信仰によって社会を統合しなければならないという必要性も感じていないからである。たとえば、一日五回の礼拝を毎日行うことや断食月に断食することは、社会生活やビジネスを一時中断することにつながる。そうした事態を招いてまで、イスラム教に改宗する理由をもってはいない。

その点では、世界は、無宗教圏とイスラム圏に二分されようとしていると見ることもできる。無宗教圏からすれば、イスラム圏は宗教によって縛られた遅れた世界ということになる。逆に、イスラム圏からすれば、無宗教圏は、信仰を失い、原理を失った世界、イスラム教のことばでは、ジャーヒリーヤ（無道時代）に逆戻りしたと見なされるであろう。

ここにも、新たな二元論が生み出されている。その二元論が、これからの人類社会をどのような方向に導いていくのか、殺戮の宗教史は、新たな展開を見せようとしているのである。

あるいは、その兆しは二〇一五年に二度にわたるテロ事件を経験したフランスにおいて現実のものとなっているのかもしれない。フランスは、すでに述べたように、ライシテという厳格な政教分離を国是に掲げ、個人の信仰を公共の場に持ち出すことに対して、それを厳しく規制する方針で臨んでいる。

ところが、イスラム教の立場からすれば、それは自分たちの信仰を否定するものとしてとらえられる。聖と俗を一体のもの、あるいは、聖と俗のあいだに区別を設けないイスラム教では、そもそも政教分離という考え方自体が成り立たない。トルコでは、独自の政教分離のシステムを作り上げているが、それも国全体がイスラム教の信仰を持っているからで、キリスト教が支配的なフランスとは状況が大きく異なっている。

無宗教社会が失うもの

イスラム教の六信のなかには、定命というものがあり、この世界に起こることはすべて神が定めたものであると考えられている。キリスト教にも目的論というものがあり、この世で起こるあらゆることには神による目的があるとされている。

そうした信仰からすれば、何が起ころうとも、それは神の意志にもとづくものであり、そこには人間には計り知れない意味があることになる。それは、迫害であろうと、弾圧であろうと、テロであろうと、戦争であろうと変わらない。すべては神のはからいなのであって、人はそれを受け入れるしかないのである。

仏教の場合には、仏には唯一神と同様の役割は想定されていないが、慈悲ということはさまざまな形で強調されている。おそらく、すべての衆生は成仏が可能であるという考え方も、こうした慈悲と深く結びついていることだろう。

しかし、すべてを神の意志として受け入れることや、あらゆるもの、あらゆる事柄に対して慈悲の精神で臨むことは容易なことではない。第9章でふれた『無量寿経』の漢訳に除外規定が設けられたのも、それと関連する。殺人鬼であるアングリマーラが回心したとしても、それを周囲の人間が許すことは難しいのだ。

まして、宗教に対する信仰そのものが失われ、多くの人たちが無宗教になってしまったとしたら、あらゆる出来事を神の意志として受け入れることもできなければ、許しや慈悲を実践することは難しくなる。私たちは、信仰を失うことで、世界を受け入れ、悪を許すことができなくなってしまうのである。そこに、無宗教が広がっていくことの根本的な問題性がある。

殺戮の宗教史が幕を閉じるとき

では、仮にイスラム教が世界を覆い尽くしていくならば、それで問題は解決するのだろうか。それも難しいであろう。イスラム教は、ムハンマドの生きた時代を、正しい信仰が守られていたものととらえ、それを規範とする。しかし、現代の社会は、ムハンマドの時代とは大きく異なっている。高度資本主義社会のなかで、ムハンマドのように生きることは不可能である。たとえば、イスラム教の食物規定に従って、「ハラール認証」ということが行われるようになっているが、これは、神に代わって人間が権威になることであり、本来のイスラム教の教えには反している。それは、イスラム法で禁じられた利子の徴収を回避するために生み出されてきた「イスラム金融」の場合にも同じである。イスラム教が現代の社会に適応していこうとすれば、逸脱という事態が起こってくるのである。

イスラム教が現代社会においてさらに勢力を拡大していけば、やがては原理主義の方向から転じて、イスラム法が形骸化する世俗化へと向かっていくことだろう。そうなれば、二一世紀に突入してからかもしれないが、人類全体が無宗教という方向に突き進んでいくかもしれない。

あるいは、殺戮の宗教史が幕を閉じるのは、そのときかもしれないのだ。

あとがきにかえて

一九九五年に起こったオウム真理教による地下鉄サリン事件は、「テロの世紀」の様相を呈してきた二一世紀の先駆けとなる出来事であった。

民間の一宗教団体が猛毒のサリンを使用して無差別殺人を敢行するなどということは、それまで想定されていないことであり、しかも、オウム真理教は地下鉄サリン事件以外にも、松本サリン事件をはじめ数々の殺人事件を起こしており、その点で日本だけではなく世界に衝撃を与えた。

ただ、オウム真理教の場合、この教団に参加し、テロの実行にかかわった信者であっても、当初からテロを実行することを目的にしていたわけではなかった。あるいは、自分たちがそうした行為に関与することになるなど、まったく想像もしていなかったはずである。しかも、さまざまな事件の実行行為にかかわらなかった信者の場合は、最後まで自分たちの所属している教団がテロや殺人事件に関与しているとは考えていなかったし、その事実を知らされていなかった。

事件の実行に関与した信者であっても、それは、教団の教祖や幹部たちから強いられた結果であることが多く、運転手役に選ばれた信者たちの場合には、自分がどういったことに関与しているのか、その内容を一切知らされていないということもめずらしくなかった。

それは、約一七年間にわたって逃亡生活を続け、逮捕されたことで裁判にかけられた女性の信者が一審では有罪判決を受けたものの、二審では無罪判決を受け、釈放されたところに示されている。彼女は、東京都庁郵便小包爆発事件に関与し、爆薬の原料を運んだとされていたものの、それが爆薬を作るためのものだという認識がなかったと認められたのである。

オウム真理教は、山梨県旧上九一色村（現・甲府市及び富士河口湖町）に化学プラントを作り、大量のサリンの製造をめざしていた。それを散布することで社会を混乱状態に陥れ、その間に権力を掌握しようとしたのだと考えられるが、そうした荒唐無稽な計画を信者たちがどの程度信じていたのかは定かではない。この教団が引き起こした事件はあまりにも重大だが、果たして彼らをテロ集団としてとらえていいのか、その点については判断が難しい。

イスラム国（ＩＳ）のことが話題にのぼるようになったとき、この集団とオウム真理教との共通性が指摘された。少なくとも若者たちが、自分たちの生活していた場から離れ、そこに加わっていったという点では両者は共通している。引き起こした事件も、残虐で、その点でも似ている。

しかし、イスラム国（ＩＳ）に加わっていく、たとえばヨーロッパの若者たちの場合、自分たちは聖戦（ジハード）を敢行する戦士として参加するという自覚をもっていたはずだ。彼らは、イスラム国（ＩＳ）がどういったことをしてきたかを、メディアを通して十分に把握していたはずだからである。その点では、そうした自覚の欠けていたオウム真理教の信者の場合とは異なっている。

ただ、ほかにも新しいコンピュータ・メディアを積極的に活用するという点では、両者は似ている。オウム真理教が地下鉄サリン事件を引き起こしたときには、まだ今日のようにＳＮＳは発達を見せていなかったし、動画を簡単にネット上にアップすることもできなかった。しかし、オウム真理教は、教団の経済基盤をコンピュータの格安販売に求めるなど、高いコンピュータ・リテラシーを示していた。

もう一つ、オウム真理教の事件が、イスラム国（ＩＳ）を含め、イスラム教の教えを信奉してのテロ行為と根本的に異なる点は、「自爆」の有無というところに求められるかもしれない。

イスラム教原理主義過激派の場合には、自爆テロを多用しているし、多くの事件で実行犯は当局によって射殺されるなど、命を落としている。それは、オウム真理教の場合には見られないことだった。

もし、オウム真理教の実行犯たちが自爆という手段をとっていたとしたら、それに対する評価やとらえ方は少し違うものになっていた可能性がある。

アメリカで同時多発テロが起こったとき、超高層ビルに旅客機で突入していく行為は、アメリカにおいて、「神風攻撃（kamikaze attack）」と呼ばれた。そこには、太平洋戦争において、アメリカ軍の艦船が、日本軍の特攻攻撃を受けたことが投影されていた。そして、パリでの同時多発テロの場合にも、同じように、「カミカゼ」としてとらえられたのだった。

したがって、オウム真理教の信者たちが、サリン事件を起こしたときに自爆していたとしたら、海外からは、日本国内で日本人を標的とした神風攻撃が実行されたと報道されたことであろう。

日本社会のなかで、戦時中の神風攻撃に対する評価は分かれている。

それを、いたずらに若い命を無駄に散らせたとして馬鹿げた行為と考える人がいる一方で、それは国に命を捧げ、家族や周囲の人間たちを救おうとした貴い行為だと高く評価する人たちがいる。

後者は、日本でだけ成り立つ評価であり、実際に攻撃を受けたアメリカからしてみれば、それは、愛国心をはるかに逸脱した狂信的で、かつ自分たちにとっては恐ろしい行為であったという評価しか出てこない。

その点で、オウム真理教が自爆攻撃を敢行していたとしたら、日本国内での評価はかなり難しいものになっていたかもしれない。特攻との共通性を指摘して評価する人間が出ても不思議ではない。

そして、特攻を高く評価する人間であれば、イスラム教原理主義過激派による自爆攻撃について、それを馬鹿げたことととらえたり、否定的な評価を下すことは難しいのではないだろうか。もし特攻を賛美する人間が、その点を問われたら、いったいどのように答えることになるのだろうか。そうした場面がめぐってこないので、答えを想像しにくいが、特攻は素晴らしく、自爆テロは愚かだという判断を下すことは相当に難しいはずである。

戦争であっても、テロであっても、殺戮という行為は、一方的に否定されるのではなく、ときに、それが評価され、賛美されることがある。平和は全人類の願いだということが言われるものの、一方で、殺戮を評価し、ときにそれを賛美する声がわき上がることは決して珍しいことではない。

そこにこそ、「殺戮の宗教史」を考えることの本当の難しさがある。私たちのなかには、殺戮を否定せず、それを肯定し、さらには賛美するこころの働きがある。そのこころの働きは、個人の次元には留まらず、社会の一部で、さらには国家のある部分で共有される可能性さえあるわけである。

私たちは、こころの底から、「殺戮の宗教史」に終焉がもたらされることを望んでいるのだろうか。問わなければならないのは、そのことなのかもしれない。

二〇一六年一月二四日

島田　裕巳

市川裕『ユダヤ教の歴史』山川出版社
ミルチア・エリアーデ『世界宗教史』全８巻、中村恭子他訳、ちくま学芸文庫
ミルチア・エリアーデ『永遠回帰の神話』堀一郎訳、未來社
養老孟司『身体巡礼　［ドイツ・オーストリア・チェコ編］』新潮社
ジャン・カルヴァン『カルヴァン小論集』波木居齊二編訳、岩波文庫
渡邊昌美『巡礼の道』中公新書
松本宣郎編『キリスト教の歴史１――初期キリスト教～宗教改革』山川出版社
八塚春児『十字軍という聖戦――キリスト教世界の解放のための戦い』ＮＨＫブックス
渡邊昌美『異端カタリ派の研究――中世南フランスの歴史と信仰』岩波書店
丸山眞男『超国家主義の論理と心理 他八篇』古矢旬編、岩波文庫
カレン・アームストロング『聖戦の歴史――十字軍遠征から湾岸戦争まで』塩尻和子・池田美佐子訳、柏書房
アミン・マアルーフ『アラブから見た十字軍』牟田口義郎・新川雅子訳、ちくま学芸文庫
保坂修司『新版オサマ・ビンラディンの生涯と聖戦』朝日新聞出版
福永武彦訳『現代語訳　古事記』河出文庫
小川原正道『日本の戦争と宗教1899-1945』講談社選書メチエ
山折哲雄『「教行信証」を読む』岩波新書
柳川啓一『祭と儀礼の宗教学』筑摩書房

主な参考文献（本書初出順）

フランシス・フクヤマ『歴史の終わり――歴史の「終点」に立つ最後の人間』上下、渡部昇一訳、三笠書房
島田裕巳『宗教消滅――資本主義は宗教と心中する』ＳＢ新書
アメリカ国務省『世界におけるテロリズムの現状（PATTERNS OF GLOBAL TERRORISM 2003）』
朝日新聞アタ取材班『テロリストの軌跡――モハメド・アタを追う』草思社
同時多発テロに関する独立調査委員会『９／11委員会レポートダイジェスト――同時多発テロに関する独立調査委員会報告書、その衝撃の事実（The 9/11 Commission Report Digest）』、松本利秋他訳、WAVE出版
ジェイソン・バーク『アルカイダ――ビンラディンと国際テロ・ネットワーク』坂井定雄・伊藤力司訳、講談社
サルマン・ラシュディ『悪魔の詩』上下、五十嵐一訳、新泉社
サミュエル・Ｐ・ハンチントン『文明の衝突』鈴木主税訳、集英社
大川周明『回教概論』中公文庫
中田考『イスラーム――生と死と聖戦』集英社新書
鎌田繁『イスラームの深層――「遍在する神」とは何か』ＮＨＫブックス
井筒俊彦『イスラーム生誕』人文書院
佐藤次高編『イスラームの歴史１――イスラームの創始と展開』山川出版社
『コーラン』上中下、井筒俊彦訳、岩波文庫
中田考監修『日亜対訳クルアーン――「付」訳解と正統十読誦注解』作品社
カーラ・パワー『コーランには本当は何が書かれていたか？』秋山淑子訳、文藝春秋
ジョージ・ソロス『グローバル資本主義の危機――「開かれた社会」を求めて』大原進訳、日本経済新聞社
島田裕巳『金融恐慌とユダヤ・キリスト教』文春新書
小口偉一・堀一郎監修『宗教学辞典』東京大学出版会
森本あんり『反知性主義――アメリカが生んだ「熱病」の正体』新潮選書
フレデリック・ルノワール『人類の宗教の歴史――９大潮流の誕生・本質・将来』今枝由郎訳、トランスビュー

島田　裕巳（しまだ・ひろみ）

1953年東京生まれ。東京大学文学部宗教学宗教史学専修課程卒業、東京大学大学院人文科学研究課博士課程修了。放送教育開発センター助教授、日本女子大学教授、東京大学先端科学技術研究センター特任研究員、NPO法人葬送の自由をすすめる会会長を歴任。

現在は作家、宗教学者、東京女子大学非常勤講師。

主な著書に、『創価学会』（新潮新書）、『日本の10大新宗教』、『葬式は、要らない』、『浄土真宗はなぜ日本でいちばん多いのか』（以上幻冬舎新書）、『神道はなぜ教えがないのか』（ワニ文庫）、『０葬』（集英社文庫）ほか多数。

殺戮《さつりく》の宗教史《しゅうきょうし》

2016年３月１日　初版印刷
2016年３月10日　初版発行

著　　者　島田　裕巳
発 行 者　大橋　信夫
発 行 所　株式会社 東京堂出版
〒101-0051　東京都千代田区神田神保町1-17
電　話　(03)3233-3741
振　替　00130-7-270
http://www.tokyodoshuppan.com/

装　　丁　斉藤　よしのぶ
D　T　P　株式会社 オノ・エーワン
印刷・製本　図書印刷 株式会社

ISBN 978-4-490-20934-1 C0014